화내지 않는 43가지 습관

화내지 않는
43가지 습관

| **초판 1쇄 발행_** 2014년 2월 3일
| **초판 4쇄 발행_** 2014년 9월 11일
| **지은이_** 마스노 슌묘
| **옮긴이_** 김정환
| **펴낸이_** 오세룡
| **주간_** 이상근
| **기획·편집_** 박성화 손미숙 최은영 고정용
| **디자인_** 고혜정 최지혜 윤지영
| **홍보 마케팅_** 문성빈
| **펴낸곳_** 담앤북스
　　　　서울특별시 종로구 사직로8길 34 (내수동) 경희궁의 아침 3단지 926호
　　　　대표전화 02)765-1251 전송 02)764-1251 전자우편 damnbooks@hanmail.net
　　　　출판등록 제300-2011-115호
| **ISBN** 978-89-98946-12-8　13190

이 책은 저작권 법에 따라 보호받는 저작물이므로 무단전재와 복제를 금합니다.
이 책 내용의 전부 또는 일부를 이용하려면 반드시 저작권자와 담앤북스의 서면 동의를 받아야 합니다.

이 도서의 국립중앙도서관 출판시도서목록(CIP)은 서지정보유통지원시스템 홈페이지(http://seoji.nl.go.kr)와 국가자료공동목록시스템(http://www.nl.go.kr/kolisnet)에서 이용하실 수 있습니다.(CIP제어번호: CIP2014001855)

정가 13,000원

행복은 습관이다

화내지 않는 43가지 습관

마스노 슌묘 지음

김정환 옮김

담앤북스

怒らない禅の作法
OKORANAI ZEN NO SAHOU
© SHUNMYO MASUNO 2013

Originally published in Japan in 2013
by KAWADE SHOBO SHINSHA Ltd. publishers., TOKYO.
Korean translation rights arranged with KAWADE SHOBO SHINSHA Ltd.
publishers., TOKYO, through TOHAN CORPORATION, TOKYO,
and Bestun Korea Agency, SEOUL.

이 책의 한국어판 저작권은 일본 토한 코포레이션과 베스툰 코리아 에이전시를 통해
일본 저작권자와 독점 계약한 '담앤북스'에 있습니다.
저작권법에 의해 한국 내에서 보호를 받는 저작물이므로
무단전재나 복제, 광전자 매체 수록 등을 금합니다.

머리말

선승禪僧인 저는 이따금 이런 질문을 받습니다.

"바쁜 와중에도 항상 차분하고 온화하시네요. 비결이 뭔가요?"

"어쩜 그렇게 한결같이 차분함을 유지하시는지요?"

분명히 저는 핏대를 세우며 크게 화를 내지도 않고, 아무리 바쁘더라도 주어진 일들을 무심히 처리해 나갑니다. 그것이 가장 효율적임을 잘 알고 있기 때문이지요. 그래서 주위 사람들의 눈에는 제가 항상 차분하게 보이는지도 모르겠습니다. 하지만 사실 저는 학창 시절에만 해도 성질이 급한 편이었습니다. 사소한 일에 금방 화를 내고는 '아, 또 쓸데없이 화를 냈구나!'라고 후회한 적이 많았지요. 그러던 제가 달라진 것은 조동종의 대본사인 소지지總持寺에서 수행 생활을 한 뒤부터입니다. 앞으로 자세히 말씀드리겠습니다만, 선사禪寺에서의 수행 생활은 매우 규칙적이며 또 엄격합니다. 그런 생활을 계속하다 보니 언제부터인가 짜증이 나거나 화가 나는 일이 크게 줄어들었습니다.

아마도 독자 여러분은 자신의 분노와 스트레스를 줄이고 평온하게 살고 싶어서 이 책을 집어 드셨을 것입니다. 그래서 지금 제 이야기를 듣고 '역시 화를 잘 내는 성격을 바꾸려면 엄격한 수행 생활이라도 해야 하는 건가…….'라며 실망했을지도 모르겠습니다.

하지만 낙담할 필요는 없습니다. 선禪에는 가시 돋쳤던 마음이 편해져 하루하루를 평온한 마음으로 보낼 수 있게 해 주는 힌트가 많습니다. 일상에서 선의 마음가짐을 활용하면 마음속에 풍파가 이는 일이 적어져 분노와 짜증이 자연스레 줄어들 것입니다.

선의 마음가짐이란 어떤 일에도 얽매이지 않고 지금 이 순간을 소중히 여기며 사는 것입니다. 집착을 내려놓고 하루하루를 만족하며 사는 것입니다. 불필요한 것을 털어 내고 심플하게 사는 것입니다. 분노는 누구나 느끼는 감정입니다. 이것을 완전히 없애기는 어려울지 모릅니다. 하지만 분노에 휘둘려 타인에게 그 감정을 폭발시키면 인간관계에 금이 갑니다. 또 그렇다고 해서 분노를 꾹 참고 억누르기만 하면 훗날까지 스트레스로 남습니다. 하지만 지금 여러분의 마음속이 분노나 스트레스로 가득하다 하더라도 이 책을 읽다 보면 어깨에서 힘이 빠지고 마치 안개가 걷히듯이 시야가 확 트이는 것을 느낄 것입니다.

고된 수행을 할 필요는 없습니다. 매일의 생활 속에서 할 수 있는 것부터 실천해 나가면 누구나 반드시 변화를 느낄 수 있습니다. 먼저, 전에는 자기도 모르게 감정적이 되었던 상황에서 냉정함을 유지하게 됩니다. 또 설령 일시적으로 울컥하더라도 금방 평상심을 되찾게 됩니다. 그러면 마음이 안정되어 본래 지니고 있던 힘을 발휘할 수 있을 것입니다.

이 책에서 저는 선종에서 전해 내려오는 일화나 선화禪話도 소개하면서 분노로부터 자유로워지기 위한 방법을 알기 쉽게 전해 드릴 것입니다. 또 실생활에서 참고할 수 있도록 구체적인 예를 들고 문답 형식으로 말씀드리는 장도 마련했습니다.

말 한마디가, 문장 한 줄이 인생을 바꿀 때가 있습니다. 이 책이 여러분에게 그런 계기가 되기를 진심으로 기원합니다.

마스노 슌묘 합장

목차

머리말　5

왜 '화내지 않기'가 어려울까?

금방 화내는 사람과 항상 마음이 평온한 사람의 차이　14
여유 없는 생활이 분노를 만들어 낸다　16
사람들과 만나느라 바쁘지 않으면 불안한 사람들　18
'생각'이 분노를 만들어 낸다　20
먼저 '마음의 메타볼릭 증후군'을 깨닫는 것부터 시작하자　22
잃어버린 섬세한 감성　24
한 치 앞도 보이지 않는 시대에 도움이 되는 선의 가르침　26

'화내지 않는 사람'이 되는 선禪의 습관 43가지

화내지 않기 위한 '마음가짐'
마음의 색안경을 벗는다　33
손 안에 보물이 있음을 깨닫는다　35
흐름에 몸을 맡긴다　37
분노가 치밀어 오르면 그냥 내버려 둔다　40
남은 남, 나는 나라고 생각한다　42
자신이 전부 옳다고는 생각하지 않는다　44
눈앞의 일에 집중한다　46
화가 치밀면 심호흡을 한번 한다　48

'좋은 사람이고 싶다'는 생각을 버린다　50
피해자가 되지 않는다　52
자기 인생의 주인공이 된다　54
더 많은 것을 원하지 않는다　56
지금 당장 행동으로 옮긴다　58
조급해하지 말고 기다려 본다　60
먼저 자신부터 시작한다　62
완벽을 추구하지 않는다　64

화내지 않기 위한 '몸가짐'
배로 천천히 심호흡을 한다　67
일상의 행동을 아름답게 한다　70
단 10분이라도 걷는 시간을 만든다　73
의식적으로 몸을 움직인다　75
있는 힘껏 고함을 지른다　77
자연 속에 몸을 둔다　79
채소 중심의 전통식을 감사하는 마음으로 먹는다　81
느긋하게 욕탕에 몸을 담근다　83
잠들기 30분 전에는 조용하고 차분한 시간을 보낸다　85

화내지 않기 위한 '생활 습관'
아침 일찍 일어난다　88
아침에 텔레비전을 켜지 않는다　90
그날의 일정을 결정한다　92
청소를 한다　95
정말 필요한 물건만 산다　98
몸단장을 충실히 한다　100
차의 맛을 음미하며 마신다　102
바람의 상쾌함을 느낀다　104

'일일일지―日―止'를 명심한다　　106
마음을 담아 요리한다　　108
타인의 장점을 찾아낸다　　110
무엇인가 한 가지를 그만둬 본다　　112
한 가지 일을 끝낸 다음에 다음으로 넘어간다　　114
"바쁘다", "피곤해"라고 말하지 않는다　　116
역의 개찰구를 나왔으면 생각하기를 멈춘다　　118
신발을 가지런히 놓는다　　120
달을 올려다본다　　122
손을 모아 감사한다　　124

화가 날 때는 어떻게 하나요?
분노를 없애기 위한 선의 가르침

자신을 향한 분노
어째서인지 항상 짜증이 난다　　129
행복해 보이는 사람에게 질투가 난다　　132
사소한 일을 가지고 사람이나 물건에 화를 낸다　　135
몇 년이나 지난 일이 머릿속에서 떠나지 않고, 떠오를 때마다 울화가 치민다　　138
실패에서 다시 일어서지 못하고 자신에 대한 분노가 가라앉지 않는다　　141
되받아쳤는데도 마음이 개운하기는커녕 원한이 더욱 커졌다　　144
항상 '오늘은 절대 화내지 말아야지'라고 결심해 놓고는
나도 모르게 화를 내고 후회한다　　147

가족, 주위를 향한 분노
가족에게 스트레스를 풀어서 집안 분위기가 최악으로……　　151
항상 자녀에게 감정적으로 화를 낸다　　154

남편과 의견이 대립해 자주 싸운다　　157
이웃과 분쟁이 일어나 사이가 험악해졌다　　160
점원의 태도에 화가 치밀어 설교를 하고 말았다　　163
역의 플랫폼에서 상대방과 부딪치자 상대가 화를 냈다. 상대방도 잘못했는데……　　166
지하철 등 공공장소에서 매너를 지키지 않는 사람에게 짜증이 난다　　169

직장에서의 분노
좋은 일은 전부 경쟁자가 차지해 화가 난다　　173
중요한 일이 있는데 갑자기 야근을 부탁받아 화가 났다　　176
며칠씩 밤을 새우며 작성한 기획서를 퇴짜 맞아 폭발할 지경이 되었다　　179
동료나 상사의 사소한 발언에 금방 상처를 받고,
그 말을 떠올릴 때마다 화가 난다　　182
꼴도 보기 싫은 상사, 말과 행동 하나하나가 전부 마음에 안 든다　　185
상식이 없는 후배에게 주의를 줘도 반응이 없어 울화가 터진다　　188
부하 직원이 생각대로 움직여 주지 않아 매일같이 화를 낸다　　191

인생을 바꾸는 '화내지 않기 위한 삶의 자세'

모든 일이 '고마운' 사건이 된다　　196
언제 어느 때나 유유자적한 내가 된다　　198
'안심'을 얻어 기회의 파도 위에 올라타자　　200
작심삼일이 아니라 인생의 습관으로 만들려면?　　202
사람은 누구나 언제라도 달라질 수 있다　　204
생활이 바뀌면 좋은 연이 이어진다　　206

후기　　208

왜
'화내지 않기'가
어려울까?

금방 화내는 사람과
항상 마음이 평온한 사람의 차이

여러분은 최근에 어떤 일로 화를 내셨습니까? '야근 수당도 안 받고 열심히 야근을 했는데 모두가 보는 앞에서 상사에게 혼이 났다.', '오늘 아침에 아무리 깨워도 아이가 도무지 일어나지를 않았다.', '지각 대장인 친구가 어제도 약속 시간에 늦게 와 놓고는 미안하다는 말 한마디 하지 않았다.', '옆집 철수 엄마에게 살이 더 쪘다는 말을 들었다.'……. '아, 그러고 보니…….'라며 금방 머릿속에 떠오르는 일이 몇 가지 있을 것입니다. 그 밖에 지하철이 늦게 와서 짜증을 냈거나 텔레비전 뉴스를 보고 분노한 경험이 있을 것이고, 점원의 무례한 태도에 신경질을 낸 적도 있겠지요. 요컨대 화를 내지 않고 넘어가는 날이 없다고 해도 과언이 아닐 만큼 '화'는 우리의 마음속에 금방 솟구치는 감정입니다.

그렇다면 이 '초대받지 않은 손님'은 왜 이렇게 수시로 마음속에 찾아와 우리를 괴롭히는 것일까요? 물론 주위 사람의 언동이나 제시간에 오지 않는 지하철, 불쾌한 뉴스 등 여러분을 분노케 하는 원인이 가까운 곳에 있기 때문이지만, 사실 이런 것들은 그저 도화선일 뿐입니다. 잘 생각해 보십시오. 여러분이 화가 났을 때와 똑같은 상황을 겪어도 전혀 마음이 흐트러지지 않고 항상 온화한 사람이 있습니다. 항상 기분이 좋은 사람과 작은 일에도 짜증을 내는 사람의 차이는 어디에 있을까요? 그것은 바로 **그 사람의 평소의 마음 상태**가 다르기 때문입니다.

가령 고무줄의 양쪽 끝을 있는 힘껏 잡아당겨 팽팽해진 모습을 상상해 보십시오. 금방 화를 내고 마는 사람은 그렇게 팽팽하게 당겨진 고무줄 같은 상태입니다. 양쪽 끝에서 팽팽하게 잡아당기고 있으니 당연히 견딜 수 없이 괴롭습니다. 항상 심하게 압박을 받고, 여유가 없지요. 그래서 사소한 계기에도 툭 하고 끊어져 버리는 것입니다. 한편, 항상 평상심을 유지하는 사람은 유연하게 늘어나기도 하고 줄어들기도 하는 고무줄처럼 어떤 상황에서도 임기응변을 발휘하며 대응합니다.

현대사회를 살아가는 우리의 마음은 극한까지 잡아당겨진 고무줄 같은 상태입니다. 분노로부터 자유로워지려면 마음의 유연함을 되찾아야 합니다. 이것이 가장 중요한 포인트입니다.

여유 없는 생활이
분노를 만들어 낸다

선조들이 우리의 생활을 보면 과연 무슨 말을 할까요? 편의점에 가면 24시간 불이 환하게 켜져 있고, 식품과 생필품이 풍족하게 갖춰져 있습니다. 비행기나 기차를 타면 앉아만 있어도 목적지까지 데려다 줍니다. 누군가와 의사소통을 하거나 정보를 얻고 싶을 때는 굳이 발품을 팔 필요 없이 컴퓨터나 휴대전화를 이용하면 됩니다. 이런 모습을 보고 선조들은 "정말 대단해!"라고 찬사를 보낼까요, 아니면 너무나도 커다란 변화에 눈을 껌뻑이기만 할까요?

기술의 진보나 산업의 발달은 우리에게 커다란 혜택을 가져다주었습니다. 하지만 이와 동시에 '스트레스 사회', '스피드 사회'라는 말이 상징하듯이 부정적인 측면을 불러온 것 또한 부정할 수 없습니다. 모두가 욕구 불만이나 스트레스를 안고 살아야 하는 사회. 하루 종일 전속력으로 달리지 않으면 뒤처진다는 느낌을 주는 사회.

물질적인 측면에서는 옛날보다 혁신적으로 편리해졌음에도 우리는 몸과 마음에 모두 상당한 부하가 걸리는 환경에서 살고 있습니다. 아침부터 밤까지 회사일과 집안일에 쫓기면서 틈만 나면 문자 메시지를 주고받고 인터넷을 검색합니다. 그리고 주말에는 가족에게 봉사하거나 자기 계발을 합니다. 눈은 침침하고 어깨는 뻐근한데 눈앞에는 해야 할 일이 산더미처럼 쌓여 있고, 문득 정신을 차려 보면 어느덧 시간이 훌쩍 지나 있습니다. 세상의 속도가 점점 빨라져서 매일같이 아슬아슬한 줄타기를 하고 있다는 느낌을 받는 사람도 많지 않을까요?

또 항상 쫓기듯이 생활하는 바람에 우리는 기다리는 데 서툴러졌습니다. 문자 메시지를 보냈는데 답장이 조금이라도 늦어지면 무시당한 것 같아 점점 마음이 초조해집니다. 역에서는 경주라도 하듯이 사람들을 밀어젖히며 개찰구로 향합니다. 또한 계산대 앞에 늘어선 줄이 좀처럼 줄어들지 않으면 점원의 손이 느린 것은 아닌가 싶어 신경이 곤두섭니다. 매일의 생활에 여유가 없는 만큼 마음의 여유도 빼앗기고 있는 것이 아닌가 싶습니다.

먼저, 아주 조금이라도 좋으니 한숨 돌릴 시간을 만드는 것부터 시작하시기 바랍니다.

사람들과 만나느라
바쁘지 않으면 불안한 사람들

앞에서 말씀드렸듯이 오늘날에는 많은 사람이 매일같이 시간에 쫓겨 마음의 여유를 잃고 있는데, 개중에는 매일 바쁘게 살아야 시대의 최첨단을 달리는 것이라고 착각하는 사람도 있습니다. 그런 사람들의 수첩을 보면 회식과 미팅, 강습, 스터디 클럽 등의 일정으로 빽빽합니다. 휴대전화의 주소록에는 수백 명의 정보가 등록되어 있고, SNS(소셜 네트워크 서비스)를 통해 일면식도 없는 사람과 적극적으로 교류합니다.

그들은 항상 "바쁘다, 바빠."라는 말을 입버릇처럼 달고 삽니다. "꼭 참석해 달라고 하니 바빠도 가 봐야지.", "이번 달에는 결혼식이 세 개나 있어서 바쁘단 말이지." 바빠야만 인생을 충실하게 사는 것이라고 생각하는 것이 틀림없습니다.

하지만 그런 사람들은 열이면 열 모두가 자신이 미래에 해야 할 일에 대해서는 소홀히 합니다. 또 실제로는 그리 바쁘지 않으면서 괜히 바쁜 척하는 경우도 있습니다. 그런 사람들은 일정이 가득 차 있지 않으면 주위 사람들에게 버림받았다고 느낍니다. 뒤집어 생각하면 그만큼 불안한 것이지요.

많은 사람과 만나느라 항상 일정이 가득 차 있으면 그만큼 자신이 인기가 있는 것 같아 기분이 좋아질지도 모릅니다. 하지만 한밤중에 전화를 걸어서 어려운 부탁을 할 수 있는 사람이 그중에 과연 몇 명이나 있을까요? 자신은 인맥이 넓다고 생각하지만 실제로 마음을 터놓을 수 있는 사람은 의외로 적을 것입니다.

사실은 필요 이상으로 인간관계를 넓히는 것도 분노의 원인이 됩니다. 결국은 일정을 채우는 것이 목적이 되어서, 일정이 생각대로 진행되지 않으면 커다란 스트레스를 받기 때문이지요. 일정이 조금이라도 틀어지면 신경이 날카로워져서 타인에게 신경질을 내고, 약속 시간에 늦을 것 같아서 서둘러 걷다가 누군가와 부딪치면 자기도 모르게 큰소리로 화를 내고……. 굳이 느끼지 않아도 될 분노를 스스로 만들어 내는 꼴이니 이보다 어리석은 일이 또 어디 있겠습니까?

인생에는 마음을 활짝 열고 깊게 이야기를 나눌 수 있는 친구가 한두 명이라도 있으면 그것으로 충분합니다.

'생각'이
분노를 만들어 낸다

 가령 사려 깊지 못한 상대의 말에 모욕감을 느꼈을 때 여러분은 그 자리에서 화를 내십니까? 아니면 꾹 참고 마음속으로 삭히려 노력하십니까? 끓어오른 화를 어떻게 다루느냐는 그 사람의 성격이나 상황에 따라 다를 것입니다. 하지만 어떻게 다루든 간에 일단 만들어진 분노는 응어리가 되어 계속 남습니다. 만약 그 자리에서 상대에게 화를 터뜨린다면 상대와의 관계가 험악해질 뿐만 아니라 '쉽게 화를 내는 사람'이라는 달갑지 않은 꼬리표가 붙게 됩니다. 게다가 화를 낸다고 해서 가슴이 후련해지는 것도 아닙니다. 또 설령 꾹 참고 냉정함을 유지하더라도 분한 기분은 오랫동안 계속될 것입니다.

 저는 이 책에서 분노를 적절히 흘려보내는 방법과 함께 애초에 분노를 만들어 내지 않는 방법도 전해 드리려 합니다. '화내지 않는 나'가 되려면 화를 만들어 내는 원인을 차단하는 것이 매우 중요합니다.

　분노는 왜 만들어질까요? 앞에서 여유 없는 생활이나 필요 이상의 인간관계가 그 원인이라고 말씀드렸는데, 그 밖에도 분노를 만들어 내는 의외의 원인이 있습니다. 바로 우리의 '생각'입니다.

　여러분은 우리가 화를 내는 것이 동물이 공격받으면 즉시 반격하는 것과 마찬가지로 조건반사라고 생각하십니까? 그렇게 생각하는 분도 계실지 모르지만 사실은 그렇지 않습니다. 동물이 적에게 반격하는 것은 본능입니다. 동물은 상대를 찍소리 못하게 한다거나 자신의 정당성을 증명하겠다는 생각은 하지 않습니다. 하지만 우리 인간은 상대의 행위나 말을 일단 몸으로 받아들인 다음 머리로 가져갑니다. 이른바 '머리끝까지 치미는' 상태입니다. '무슨 말로 이 자식을 꼼짝 못하게 하지?', '본때를 보여 주겠어.' 머리로 피가 솟구치며 이렇게 생각하지요.

　물론 생각하는 행위 자체는 나쁘지 않습니다. 인간에게 주어진 소중한 보물입니다. 하지만 타인이나 자신에게 상처를 주려는 목적으로 그 소중한 보물을 사용하는 것은 어리석은 일입니다. 부디 이 책을 읽고 어떻게 해야 분노의 씨앗이 머리로 향하지 않게 할 수 있을지 터득하시기 바랍니다.

먼저 '마음의 메타볼릭 증후군'을 깨닫는 것부터 시작하자

불교에서는 모든 사람이 '불성佛性'을 지니고 있다고 생각합니다. 불성은 부처님과 같은 존귀한 성질을 뜻합니다. 사람은 모두 깨달음을 얻은 부처님과 같은 아름다운 광채를 지니고 있다고 생각하지요.

하지만 주위를 둘러보면 '이 사람은 불성의 광채가 거의 보이지 않게 되었구나.'라는 느낌이 들 때가 많습니다. 자신의 불쾌한 감정을 24시간 내내 주위에 퍼뜨리는 사람, 주위 사람들이 피해를 보든 말든 아랑곳없이 매너를 지키지 않는 비상식적인 사람, 상대에게 고의로 상처를 입히고 의기양양해하는 사람…….

물론 그런 사람도 내부에서는 불성이 빛나고 있습니다. 다만 두꺼운 번뇌의 군살에 뒤덮여 있는 탓에 본인도 주위 사람들도 그 존재를 깨닫지 못할 뿐입니다.

저는 이런 상태를 '마음의 메타볼릭 증후군'(대사증후군이라고도 한다. 내장에 지방이 쌓이면서 고혈압, 고지혈증, 동맥경화, 당뇨 등이 한 사람에게 동시다발로 생기는 증상)이라고 부릅니다. 불성을 뒤덮고 있는 번뇌의 군살은 매일의 바쁜 생활과 압박 속에서 조금씩 두꺼워집니다. 사실은 온화하게 살고 싶은데 일이나 인간관계의 스트레스가 쌓여서 자기도 모르는 사이에 부정적인 감정이 마음을 뒤덮는 것입니다.

먼저 번뇌의 밑에 불성이 있다는 사실을 깨달으십시오. 그 다음에는 불성을 뒤덮고 있는 군살을 줄여 나가기만 하면 됩니다. 몸을 덮고 있는 두꺼운 지방도 식생활을 바꾸고 몸을 움직이고 생활 습관을 개선하면 금방 줄어들어 본래의 건강한 몸으로 되돌아가지 않습니까? 이와 마찬가지입니다.

'하지만 내 마음의 메타볼릭 증후군은 상당히 중병인지도 몰라.'라고 생각하는 사람이 있을지도 모릅니다. 그래도 절망할 필요는 없습니다. '니다불대泥多佛大'라는 선어禪語가 있습니다. 재료가 되는 진흙이 많을수록 커다란 불상을 만들 수 있다는 의미입니다. 인간이라면 누구에게나 번뇌가 있기 마련입니다. 때로는 잘못을 저지르기도 합니다. 하지만 부처님의 가르침을 접하고 **올바르게 살고 싶다는 기분이 생기면 아무리 번뇌가 많더라도 길은 반드시 열립니다.**

번뇌가 큰 만큼 배움도 클 것입니다.

잃어버린 섬세한 감성

일본인은 세계적으로 예의가 바르고 협동심이 높은 것으로 알려져 있습니다. 이것 외에도 저는 세계적으로 자랑할 만한 일본인의 국민성이 하나 더 있다고 생각합니다. 바로 특유의 섬세한 감성입니다. 일본의 독자적인 문화나 예능에는 세계가 깜짝 놀랄 만한 세련미와 감각이 담겨 있습니다. 가령 일본의 전통 공예인 남염藍染을 봐도 남색과 옥색, 가메노조키(甕覗: 은은한 녹색 빛이 감도는 푸른색-옮긴이), 하나다이로(縹色: 옅은 남색) 등 열 종류가 넘는 색이 있습니다. 즉, 선조에게는 이 모든 색을 구분해서 염색하고 이름을 붙이는 풍부한 감성이 있었습니다.

하지만 현대인은 어수선한 일상 속에서 이런 감성을 잃고 있는 것 같아 몹시 안타깝습니다. 저는 이 감성을 되찾는 것이 짜증과 분노에 휘둘리는 현대인을 치료할 처방전이 아닐까 생각합니다. 과거의 섬세함을 잃은 것과 쉽게 화내는 사람이 늘어난 현상 사이에 커다란 상관관계가 있다는 느낌을 받기 때문입니다.

또 여러 가지 도구 덕분에 편리해진 사회는 한편으로 우리가 키워 온 능력을 부지불식간에 쇠퇴시키고 있습니다. 잠시 생각해 보십시오. 여러분은 가족의 휴대전화 번호를 정확히 기억하고 있습니까? 자동차 내비게이션에 지나치게 의존한 나머지 내비게이션이 없으면 자주 가는 장소도 한번에 찾아가지 못하고 헤매지는 않습니까?

얼마 전에 어느 지역에 갔다가 이런 일을 겪었습니다. 갑자기 나타난 비구름을 보고 그곳에 사는 분이 "저 산 정상에 구름이 걸렸으니 곧 비가 올 겁니다."라고 가르쳐 주셨는데, 젊은이 한 명이 한 손에 스마트폰을 든 채로 "일기예보를 보니까 맑을 거라고 하네요. 괜찮을 겁니다."라고 대답했습니다. 하지만 수십 분 뒤 정말로 굵은 빗방울이 쏴 하고 떨어지더군요.

옛사람들은 사계절의 변화를 섬세하게 관찰하고 경험하면서 섬세한 감성을 키우고 자연과 함께 살아가는 지혜와 능력을 길러 왔습니다. 그리고 그 감성과 지혜는 상대의 기분을 배려하는 상냥함과 서로 양보하며 화합하는 삶의 자세로 이어졌습니다. 그런 본연의 삶의 자세를 떠올리는 것이 현대인의 메마른 마음을 촉촉이 적시는 길이 아닐까 생각합니다. 선조가 물려준 이 눈에 보이지 않는 소중한 재산에 다시 한 번 주목해 보는 것은 어떨까요?

한 치 앞도 보이지 않는 시대에
도움이 되는 선의 가르침

　사느냐 죽느냐의 갈림길을 넘나들며 싸웠던 일본 전국 시대의 무장 중에는 선禪에서 마음의 안식처를 찾은 사람이 많았습니다. 그 유명한 다케다 신겐(武田信玄)과 우에스기 겐신(上杉謙信)을 비롯해 호조 가문과 아시카가 가문의 무사 등 수많은 무사가 출가득도해서 부처님의 가르침을 배우며 전란의 시대를 헤쳐 나갔습니다.

　사람을 죽이는 무장이 살생을 금하는 불교의 선을 배운다니 모순이 아니냐고 느끼는 분도 계실지 모르겠습니다. 하지만 그들은 자신의 힘만으로는 어찌할 도리가 없는 시대의 흐름 속에서 항상 죽음의 고비를 넘나들며 수많은 가신과 백성의 생명을 지켜야 했습니다. 판단을 한 번만 그르쳐도 본인의 생명은 물론이고 수백 수천이나 되는 목숨이 날아

갈지 모르는 아슬아슬한 상황 속에서 믿을 수 있는 것은 오로지 자기 자신뿐이었습니다. 그런 상황에 놓인 그들을 선의 가르침이 이끌었던 것입니다.

역시 동란의 시대였던 막부 말기부터 메이지 시대에 걸쳐 활약한 가쓰 가이슈(勝海舟)나 야마오카 뎃슈(山岡鉄舟) 같은 인물도 선을 배우고 좌선을 정신적인 버팀목으로 삼았습니다. 선은 좌선이나 일상의 수행을 통해 모든 얽매임으로부터 자유로워지는 경지를 향해 다가갑니다. 그들은 선의 스승에게서 그 가르침을 배우고 실천하면서 자신을 다스리고 삶의 자세를 되돌아보려고 했을 것입니다.

그런데 저는 오늘날의 상황이 그 당시와 다를 바 없지 않느냐는 생각을 가끔 합니다. 고도 성장기에는 꾸준히 일하면 정년 뒤에 평안한 제2의 인생이 기다리고 있었습니다. 가전제품과 자동차를 사고 집을 구입하는 등 조금씩 원하는 물건을 손에 넣으며 행복해하고 정신적으로 풍요로운 나날을 보낼 수 있었습니다.

하지만 지금은 그 시절처럼 사회가 깔아 놓은 레일 위를 성실하게 달리기만 하면 평안하고 행복한 나날이 보장되는 시대가 아닙니다. 무엇을 소중히 여겨야 할지, 어디를 목표로 살아야 할지 전혀 알 수 없는 상황 속에서 다들 필사적으로 싸우고 있습니다. 그리고 필사적으로 사는 가운데 생긴 마음의 일그러짐이 분노와 짜증으로 이어지고 있습니다. 심리 상태라는 측면에서는 격동의 시대를 살아간 사람들과 비슷한 상황이 아닐까요?

  한 치 앞도 보이지 않는 시대. 선은 그 속에서 여러분에게 한 줄기 길을 제시할 것입니다. 온화한 마음으로 자신의 길을 걸을 수 있도록 부디 다음 장에서 시작되는 선의 가르침을 배우시기 바랍니다.

'화'내지 않는 '사람'이 되는 선(禪)의 습관 43가지

화내지 않기 위한 '마음가짐'
화내지 않기 위한 '몸가짐'
화내지 않기 위한 '생활 습관'

화내지 않기 위한 '마음가짐'

마음의
색안경을 벗는다

여러분은 지금 어떤 안경을 끼고 주위를 보고 있습니까? 눈에 쓰는 안경 이야기가 아닙니다. 여러분이 마음에 끼고 있는 안경입니다.

우리는 주변 사람들을 '있는 그대로' 바라보지 않습니다. 그 사람의 일면만을 보고 '이 사람은 이런 사람이야.'라고 단정 짓는 경향이 있습니다. 선글라스를 끼면 경치가 어둡게 보이듯이 다양한 편견과 선입견이 '색안경'이 되어 마음의 눈을 흐리게 합니다.

하루는 제 지인이 이런 말을 했습니다. 평소에 마음에 들지 않은 연예인이 있었는데, 일과 관련해 그 연예인을 실제로 만나 봤더니 정말 좋은 사람이어서 인상이 완전히 달라졌다는 이야기였습니다.

혹시 여러분은 지금 자신이 싫어하는 사람의 모든 행동을 부정하고 화를 내거나 짜증을 내고 있지는 않습니까? 다른 사람이 하면 기분 좋게 받아들일 행동도 그 사람이 하면 '짜증나게 착한 척하고 있어.'라고 생각하지는 않습니까? 그렇다면 여러분은 상당히 짙은 색안경을 끼고 있는지도 모릅니다.

불교에서는 누구나 얼룩 한 점 없는 거울 같은 마음, 즉 '불성'을 지니고 있다고 생각합니다. 불성은 '순수한 자신'이라고 바꿔 말해도 될 것입니다. 알기 쉽게 말하면 대우주의 진리를 그대로 비추는 거울이라고나 할까요? 우리 모두가 본래 지니고 있는 배려심과 상냥함, 누군가에게 도움이 되고 싶어하는 마음이기도 합니다. 이런 불성을 여러분은 물론이고 여러분이 싫어하는 사람도 지니고 있습니다. 누구나 존엄한 불성을 지니고 있음을 깨닫는다면 그것만으로도 부처님의 경지에 가까워질 수 있습니다. 이 불성과 하나가 되는 상태를 '견성성불見性成佛'이라고 합니다.

흐릿한 안경을 끼고 있으면 이 불성을 깨달을 수가 없습니다. 하지만 지금 끼고 있는 **마음의 안경을 벗으면 아주 작은 계기를 통해서도 그 사람의 본질을 깨달을** 수 있습니다. 보통은 깨닫지 못하는 그 사람의 상냥한 마음이나 인간미를 볼 수 있게 됩니다.

먼저 자신이 어떤 색의 안경을 끼고 있는지 깨닫는 것부터 시작하십시오. 그러면 조만간 그 안경을 벗어던질 수 있을 것입니다.

손 안에
보물이 있음을 깨닫는다

'저걸 갖고 싶어.', '이건 싫어.', '이기고 싶어.', '주위 사람들이 부러워…….' 살다 보면 누구나 이런 생각을 하기 마련입니다. 욕심, 집착, 경쟁심, 질투……. 이른바 '번뇌'이지요. 항상 이유 없이 짜증이 난다, 사소한 일로 타인과 충돌한다, 업무에 집중이 안 된다……. 이런 이유로 일상생활이 삐걱댈 때 생기는 번뇌가 여러분을 '마음의 메타볼릭 증후군' 상태로 만들고 있는지도 모릅니다. 매일 청소를 해서 먼지를 털어 내듯이 번뇌도 깨끗하게 털어 내지 않으면 언젠가는 도저히 손을 댈 수 없는 지경에 이를 것입니다.

'명주재장明珠在掌'이라는 선어가 있습니다. 굳이 멀리서 찾지 않아도 보물(불성)은 이미 여러분의 손 안에 있다는 말입니다. 불성이 없는 사람은 세상에 단 한 명도 없습니다. 이 세상에 존재하는 모든 사람이 불성을 지니고 있습니다. 자신의 내부에서 불성이라는 빛나는 보물을 찾아내느냐 찾아내지 못하느냐의 차이가 있을 뿐이지요. 다만 불성은 스스로 갈고닦아야 빛을 냅니다. 잘 닦지 않으면 그 좋은 보물을 썩히게 되지요. 그렇게 된다면 참으로 아깝지 않을까요?

일본 조동종의 시조인 도겐 선사는 "닦으면 옥이 된다."라는 말을 남겼습니다. 어떤 돌이든 열심히 닦으면 옥이 된다, 즉 아무리 두꺼운 번뇌가 불성을 뒤덮고 있어도 열심히 닦으면 빛이 난다는 뜻입니다. 타인의 언동에 일일이 짜증을 내거나 경쟁자의 출현에 질투심을 불태운다면 여러분의 손 안에 있는 보물을 닦을 여유가 생기지 않습니다. 또 분에 맞지 않는 물건을 손에 넣으려고 집착하거나 아직 일어나지 않은 미래를 머릿속으로 그리며 고민한다면 불성의 빛이 흐릿해집니다.

어떻게 보내든 시간은 똑같이 흘러갑니다. 그 시간을 번뇌에 휘둘리며 보내시렵니까, 아니면 자신을 갈고닦는 데 사용하시겠습니까?

흐름에 몸을 맡긴다

지난해 늦여름에 출장을 갔다가 고속 열차를 타고 돌아오던 중 태풍을 만나는 바람에 발이 묶여 버렸습니다. 차 안에서 몇 시간을 기다렸지요. 예정대로라면 이미 한참 전에 도착했어야 할 시간이지만 열차는 움직일 기미도 보이지 않았습니다.

"도대체 언제까지 기다리게 할 거야!"

마침내 승객 한 분이 차장을 향해 큰소리로 불만을 터뜨리기 시작했습니다.

빨리 목적지에 가고 싶은 마음은 충분히 이해합니다. 하지만 상대는 태풍입니다. 화를 낸다고 해서 빨리 지나가 줄 리도 없고, 열차가 움직일 리도 없습니다. 업무 실적을 향상시키거나 약점을 극복하는 것같이 자신의 힘으로 어떻게든 해결할 수 있는 문제는 열심히 정진하면 반드시 그에 상응하는 결과를 얻을 수 있습니다.

하지만 우리의 인생에는 아무리 열심히 노력하고 필사적으로 기도한들 도저히 어떻게 할 수 없는 일도 있습니다. 이를테면 여러분 또는 여러분의 가족이 병에 걸리거나 부상을 입을 때라든지 재해나 사고를 만날 때 말입니다. 이는 사람의 힘으로는 제어하기 불가능한 일입니다. 특히 대자연 앞에서 우리 인간은 무력할 뿐입니다.

자신의 힘이 미치지 못하는 상황에 놓였을 때는 그냥 그 상황을 받아들이십시오. 어떤 일이든 그날, 그 시간, 그 장소에 있지 않았다면 겪을 수 없는 경험입니다. "왜 하필 오늘 열차를 타 가지고……."라며 짜증을 낸들 달라지는 것은 없습니다. 열차가 멈춰 섰다면 그 시간에 일이나 독서를 하십시오. 아니면 평소에는 할 수 없는 생각을 하는 데 이용하십시오. 그러면 마이너스를 플러스로 바꿀 수 있을 것입니다.

흐름에 몸을 맡기고 그 운명을 받아들인다, 이것을 선어로는 '임운자재任運自在'라고 합니다. 커다란 흐름에 자신을 맡기고 유유자적 사는 것입니다.

타인도 자연과 마찬가지입니다. 여러분 마음대로는 움직여 주지 않습니다. 싫어하는 사람과 만났거나 거슬리는 말을 들으면 화가 나기도 할 것입니다. 또 자신이 기대했던 평가나 반응을 얻지 못하면 반론을 해서 상대를 이기고 싶은 마음도 생길 것입니다. 하지만 상대에게는 상대의 처지와 생각이 있습니다.

싫은 일, 화가 나는 일, 예기치 못한 사고……. 어떤 일이 일어나더라도 임운자재, 유유자적 살도록 노력하시기 바랍니다.

분노가 치밀어 오르면
그냥 내버려 둔다

맑고 잔잔한 호수에 누군가가 작은 돌 하나를 던졌습니다. 그러자 수면에 파문이 일더니 빠르게 번져 나갑니다. 이때 손을 담가서 그 파문을 멈추려 하면 어떻게 될까요? 새로운 파문이 생깁니다. 파문은 점점 확산되고, 결국은 상상 이상으로 커져 버릴 것입니다.

그렇다면 어떻게 해야 파문을 잠재울 수 있을까요? 답은 간단합니다. 그냥 내버려 두는 것입니다. 그러면 파문은 자연스럽게 사라지고 다시 평소의 잔잔한 호수로 되돌아갑니다.

짜증이나 분노로 마음이 요동칠 때도 마찬가지입니다. '화내면 안 돼.', '잊어버리자.'라고 생각할수록 그 생각에 사로잡혀서 마음이 더욱 심하게 요동칩니다. 생각하지 않는 것에 집착한 나머지 오히려 더 많이 생각하게 됩니다. 그러니 '아, 내가 지금 화가 났구나.', '심하게 흥분했구나.'라고 느끼면 단전(배꼽 아래 두 치 다섯 푼, 약 7.5센티미터)으로 크게 심호흡을 한 번 하십시오. 그런 다음 억지로 감정을 억누르지 말고 내버려 두십시오.

물론 주위 사람들에게 화풀이하라는 말은 아닙니다. 그렇다면 무엇을 해야 할까요? 눈앞의 일에 집중하면 됩니다. 사람은 누구나 해야 할 일이 있기 마련입니다. 그것은 업무일 수도 있고 집안일일 수도 있습니다. 물론 공부나 봉사 활동을 해도 좋습니다. 방 청소를 하거나 그동안 미뤄 뒀던 잡무를 처리해도 좋고, 곰곰이 생각해 보면 누군가를 만나러 가야 할 일이 있을지도 모릅니다. 아니면 신나게 놀아 보는 것도 괜찮을지 모릅니다. 할 일이 하나도 떠오르지 않는다면 느긋하게 차라도 한 잔 드십시오. 그것도 좋은 방법입니다.

굳이 무엇인가를 이룰 수 있는, 어떤 이익을 얻을 수 있는 일을 찾을 필요는 없습니다. 지금 여러분의 눈앞에 있는 일을 그저 무심히 그저 열심히 하면 됩니다. 손과 발, 몸을 열심히 움직이다 보면 요동치던 마음이 어느새 잔잔하게 가라앉았음을 깨달을 것입니다.

화내지 않기 위한
'마음가짐' 5

남은 남,
나는 나라고 생각한다

"너는 말할 때 요령이 부족해.", "좀 더 빨리 작업할 수는 없어?" 이런 말을 들으면 누구나 모욕을 당했다고 느껴 마음을 진정시킬 수 없을 것입니다. "날 무시하지 마!"라고 되받아치고 싶어질지도 모릅니다. 하지만 정말로 상대가 여러분에게 모욕을 줄 생각으로 그런 말을 했을까요?

똑같은 장소도 어디에 서서 바라보느냐에 따라 다르게 보이듯이, 사람은 처지에 따라 상황을 전혀 다르게 파악합니다. 어쩌면 상대는 단순히 여러분보다 우위에 서려고 그렇게 말했는지도 모릅니다. 혹은 부족한 자신감을 공격적인 언동으로 감추려 한 것일지도 모르지요. 상대에게는 상대의 '사정'이 있습니다. 여러분이 받아들이고 싶지 않은 평가는 흘려 넘기면 그만입니다. 물론 상대의 말에 배울 점이 있을 때는 받아들여서 자신의 성장으로 연결시키면 됩니다.

하지만 남은 남, 나는 나입니다. 타인의 언동에 일일이 동요하거나 신경을 곤두세우면 자신의 인생을 살 시간을 빼앗기고 맙니다. 또 상대를 무시하거나 낮게 평가하면 그와 '똑같은 사람'이 되어 버립니다.

"산은 산이요 물은 물이로다(山是山 水是水)."라는 선어를 아십니까? 산은 산으로서, 물은 물로서 각각 그 본분을 다하고 있다는 의미입니다. 산이 물에게 "산이 되어라."라고 말하지도 않을뿐더러, 반대로 물이 산에게 "물이 되어라."라고 말하지도 않습니다. 자연 속에서는 산과 물이 각각 본연의 모습으로 존재하며 조화를 이루고 있습니다.

인간 사회도 이와 마찬가지입니다. A씨는 B씨가 될 수 없습니다. 물론 B씨도 A씨가 될 수 없습니다. 자신의 가치관을 상대에게 강요하는 것은 서로의 조화를 깨뜨릴 뿐입니다. 각자가 자신의 본분을 다하며 열심히 살 때 자신도 상대도 가장 자연스럽게 살 수 있습니다.

자신이 전부 옳다고는
생각하지 않는다

우리는 누구나 '네 생각은 틀렸어. 내 생각이 옳아.'라고 생각합니다. 하지만 정말 그럴까요?

어느 날, 승려 두 명이 바람에 흔들리는 깃발을 보고 말싸움을 시작했습니다. 한 명은 "깃발이 아니라 바람이 움직인 것이오."라고 말했고, 다른 한 명은 "아니, 바람이 아니라 깃발이 움직인 것이오."라고 말했습니다. 두 사람 모두 자신의 주장을 한 치도 양보하지 않았는데, 그곳을 지나가던 선사가 그 모습을 보고는 이렇게 말하고 자리를 떴습니다.

"움직인 것은 깃발도 아니고 바람도 아니라네. 그대들의 마음이 움직였을 뿐일세."

이 말을 들은 두 승려는 아무 말도 하지 못하고 선사의 뒷모습만 바라봤다고 합니다.

'무조건 내가 옳다.' 혹시 여러분도 이렇게 생각하지는 않습니까? 아집에 사로잡혀 상대와 말싸움을 하며 소리 높여 자신이 옳음을 주장하지는 않습니까? 자신의 의견과 처지, 가치관을 앞세워 상대를 몰아세우지는 않습니까?

불교에서 소중히 여기는 가르침으로 '자비'가 있습니다. 상대를 어여삐 여기고 소중히 생각하는 마음입니다. 설령 상대가 틀렸더라도 일방적으로 비난만 해서는 아무것도 해결되지 않습니다. 여행자가 세찬 북풍을 만나면 옷깃을 더욱 단단하게 여미듯이 상대는 몸을 웅크린 채 고집을 부릴 것입니다.

선에서는 상대와 자신, 이 양자를 대립하는 존재가 아니라 하나로 봅니다. 즉 '불이不二'라고 생각합니다. '당신'과 '나'가 아니라 '당신과 나, 나와 당신'입니다. 이렇게 생각하면 누구와 대립해 이기려고 하는 것이 얼마나 무의미한 행동인지 깨달을 것입니다. 앞에서 한 이야기와 모순되는 듯하지만 이 또한 선의 지혜 중 하나입니다.

"가리아견可離我見" 이 말은 자신의 입장을 버리고 상대의 처지에서 바라보라, 상대의 의견을 듣는 자세를 가지라는 뜻입니다. 용기를 내어 아집을 버려 보십시오. 틀림없이 인간관계가 즐거워질 것입니다.

눈앞의 일에 집중한다

빨리 목적지에 도착하고 싶을 때, 여러분은 자동차의 핸들을 꼭 잡고 앞만 보며 가속페달을 힘껏 밟을 것입니다. 이렇게 한눈팔지 않고 앞만 보며 전력으로 질주하면 누구보다 먼저 목적지에 도착할 수 있습니다. 그러면 주위에서 높은 평가를 받고 여러분 자신도 1등에 오른 쾌감을 만끽할 수 있습니다.

지금까지 우리에게는 그렇게 죽으라 노력해 성과를 올리는 것을 장려하는 풍조가 있었습니다. 그렇기에 경제 대국이 될 수 있었고 세계에 자랑할 만큼의 물질적인 풍요를 누릴 수 있었습니다. 하지만 마음의 풍요는 매우 염려가 되는 것이 사실입니다. 직장도, 지하철이나 버스 안도, 거리도 전보다 더 분위기가 삭막해졌다는 느낌을 지울 수가 없습니다. 모두가 목표와 결과에 사로잡혀 서두르고 있다는 생각을 감출 수가 없습니다.

오로지 목표를 향해 매진하는 것도 존귀한 삶의 방식 중 하나임은 분명합니다. 하지만 선에서는 다르게 사는 방식도 있다고 가르칩니다. 바로 자신의 발밑을 확인하면서 한 발 한 발 걸어가는 방식입니다.

'상행일직심常行一直心'이라는 선어가 있습니다. 항상 올곧은 마음, 맑은 마음으로 눈앞의 일에 몰두한다는 뜻입니다. 주위에서 무슨 일이 일어나든, 누군가가 추월을 하든 동요하지 않고 자신이 해야 할 일을 합니다. 그러면 **흔들리지 않는 자신감이 생겨나 어떤 일에도 동요하지 않게 됩니다**. 자신감이 붙으면 타인이나 세상에 현혹되지 않고 자신의 길을 걸을 수 있습니다.

자신의 발로 걸으면 길가에 피는 예쁜 꽃에, 나뭇가지에 앉아 지저귀는 아름다운 새소리에 마음을 빼앗길 수 있을 것입니다. 바로 그 순간에만 즐길 수 있는 자연의 작품, 함께 걷고 있는 사람과의 유대감을 느낄 수 있을 것입니다.

이따금 멈춰 서서 지금 자신이 서 있는 장소를 둘러보고 확인한 다음 다시 발걸음을 옮기는 삶의 방식 또한 깊은 맛이 있습니다.

화가 치밀면
심호흡을 한번 한다

   다들 아시겠지만 분노라는 감정은 참으로 조절하기가 어렵습니다. 누구나 머리로는 화를 내면 안 된다고 생각합니다. 하지만 어떤 계기로 일단 분노가 치밀어 오르면 자기도 모르게 감정적이 되어 거친 말을 퍼붓고 맙니다. 그런 자신의 모습이 싫어져 자기혐오에 빠지는 사람도 많을 것입니다. 나중에 생각하면 '왜 그런 사소한 일에 흥분했을까?'라고 후회하지만, 그 순간에는 어찌할 수가 없습니다.

   분노에 휘둘리지 않으려면 그 자리에서 분노를 가라앉히기 위한 궁리가 필요한데, 만들어진 분노를 가라앉힐 비책이 있습니다. 아주 간단합니다. 불쾌한 일, 화가 나는 일이 있으면 무엇인가를 말하기 전에 심호흡을 한번 하십시오. 얕은 호흡은 효과가 없습니다. 배를 천천히 움직이면서 단전으로 크게 심호흡을 하십시오. 이렇게 잠시 '뜸'을 들이는 것이 중요합니다.

'그게 말처럼 쉽게 되면 누가 고생을 하겠어?'라고 생각하는 사람도 있을지 모릅니다. 하지만 제가 존경하는 분이자 소지지(總持寺)의 주지로 계셨던 이타하시 고쇼 선사는 분노를 가라앉히기 위해 실제로 이 방법을 사용하셨습니다. 저는 지금까지 선사님이 화를 내는 모습을 한 번도 보지 못했습니다. 그래서 그 비결을 여쭈었는데, 선사님은 "화가 치미는 일이 있으면 배로 호흡을 하면서 '고맙네, 고맙네, 고맙네.'라고 세 번 되뇌는 것이라네."라고 가르쳐 주셨습니다. "고맙네."라고 거듭 되뇌다 보면 하려고 생각했던 말도 쏙 들어가 버린다는 것이었습니다. "고맙네." 말고도 "잠깐 기다려.", "괜찮아.", "참자." 등 어떤 말을 반복하든 상관없습니다. **배로 호흡해서 분노가 머리로 솟구치지 않게 하는 것**이 중요합니다.

일단 입 밖으로 꺼낸 말은 다시 담을 수 없습니다. 말한 뒤에 "미안, 지금 한 말은 취소!"라고 외쳐도 이미 무너진 신뢰와 인간관계는 그렇게 쉽게 회복되지 않습니다.

아주 짧은 '뜸'을 들일 수 있느냐 없느냐, 여러분이 분노로부터 자유로워질 수 있느냐 없느냐를 좌우하는 첫 번째 포인트입니다.

'좋은 사람이고 싶다'는
생각을 버린다

 '아주 조금만 참으면 주위 사람들이 나를 좋은 사람이라고 생각하며 사랑해 주겠지.', '모나지 않게 행동하면 모두와 사이좋게 지낼 수 있을 거야.' 혹시 이런 생각을 하고 있지는 않습니까? '무리해서 나를 더 좋게 보이지 않으면 남들보다 뒤처질 거야.' '유능한 사람이라는 인식을 심어 주지 않으면 출세할 수 없어.' 이렇게 단정 짓고 있지는 않습니까?
 사실은 그 작은 인내와 무리가 여러분의 마음에 커다란 스트레스를 주고 있습니다. 있는 그대로의 자신이 아니라 '남에게 보이기 위한 자신'을 연기하기 때문입니다. 일단 '남에게 보이기 위한 자신'이 받아들여지면 사람은 항상 그런 자신을 연기하려 합니다. 하지만 있는 그대로의 자신과는 다른, 가면을 뒤집어쓴 모습이기 때문에 마음은 점점 갑갑

해집니다. 평소에는 그 가면이 여러분을 지켜줄지도 모르지만, 원하는 방향으로 일이 진행되지 않는 순간 그 악영향이 나타납니다. '나는 이렇게 열심히 노력하고 있는데!', '항상 꾹 참고 있는데!' 그때까지 꾹꾹 누르고 있던 감정이 분노라는 형태로 분출되고 말지요.

다른 장소에서 태어나 다른 교육을 받으며 자랐고 가치관이 다른 사람들이 매일 얽히며 살고 있으니 마찰이나 다툼은 당연히 일어날 수밖에 없습니다. 또 평가는 상대가 자신의 색안경을 통해 여러분을 바라보고 내리는 것이므로 여러분의 기대와는 다른 것이 정상입니다. 어차피 생각대로 되지 않는다면 차라리 괴로운 가면을 벗어 보는 것이 어떨까요? 그러면 의외로 편하게 살 수 있습니다. 꾹 참고 있었던 만큼, 무리했던 만큼 눌려 있던 있는 그대로의 자신이 되살아날 것입니다.

'수소쾌활隨所快活'이라는 선어를 가슴에 새기십시오. 어떤 곳에 있더라도 자신을 낮추거나 거드름을 피우거나 긴장하지 말고 자신답게 자연체로 사는 것, 이것이 선이 지향하는 삶의 자세입니다. 항상 있는 그대로의 자신으로 살면 됩니다. 직함이나 입장 따위는 신경 쓰지 말고 상대방을 있는 그대로 바라보면 됩니다. 그 이상도 그 이하도 필요 없습니다.

이 점을 깨닫는다면 언제나 의사소통이 잘 되는 자신으로 살 수 있을 것입니다.

화내지 않기 위한 '마음가짐' 10

피해자가 되지 않는다

여러분은 어떤 때 분노나 짜증을 느끼십니까? 상사나 동료에게 심한 말을 들었을 때, 길을 걷다가 다른 사람과 부딪쳤을 때, 계산대나 은행 창구에서 직원의 대응이 나빠서 오랫동안 기다려야 했을 때, 친절하게 대했는데 무시당하고 고맙다는 인사도 받지 못했을 때…….

생각해 보시기 바랍니다. 혹시 여러분은 그때 자신이 '피해자'라고 생각하지 않았습니까? 자신이 피해를 입었으니 반격을 해야 한다는 듯이 거친 말투로 되받아치거나 항의를 했을지도 모릅니다. 또 그때는 되받아치지 못했지만 그곳에서 받은 스트레스를 다른 형태로 가까운 사람에게 풀었을지도 모릅니다. 하지만 그렇게 한들 아무런 해결이 되지 않음을 여러분 또한 잘 알고 있었을 것입니다. 그렇게 대응하면 더 큰 분노를 재생산하고 기분만 나빠질 뿐입니다.

중국의 한 선승 이야기를 소개하겠습니다. 여행 중이던 그 선승은 하룻밤 묵을 곳을 찾다가 산 위에 오래된 절이 있다는 마을 사람의 이야기를 듣고 그 절로 향했습니다. 하지만 막상 도착해 보니 당장이라도 무너져 내릴 것 같은 폐가였습니다. 그래도 그곳에서 하룻밤을 묵기로 결정한 선승은 몸을 녹이려고 마룻바닥을 뜯어서 불을 피웠는데, 모닥불 위로 나뭇잎이 춤을 추며 떨어졌습니다. 이에 문득 위를 올려다보니 지붕에 구멍이 뚫려 있고 그 구멍으로 달빛이 자신을 비추고 있었습니다.

보통 사람 같으면 참으로 비참한 밤이라고 탄식했을 것입니다. 하지만 선승은 "달빛까지 이곳과 나를 축복해 주고 있구나. 이런 멋진 곳에서 하룻밤을 묵을 수 있다니 이 얼마나 행복한 일인가!"라며 기뻐했다고 합니다. 평범하게 생각하면 눈물이 날 것만 같은 울적한 상황도 마음먹기에 따라서는 그보다 더 행복할 수 없는 상황으로 간단히 바뀌는 것입니다.

이렇게 명랑하게 살아 보고 싶지 않으십니까? '피해자'가 되기를 그만두면 그럴 수 있습니다. 어떤 마이너스도 플러스로 바꿀 수 있다는 것이 선의 가르침입니다. 조금도 어려운 일이 아닙니다. 여러분이 마음먹기에 따라서는 얼마든지 그렇게 할 수 있습니다.

화내지 않기 위한 '마음가짐' 11

자기 인생의 주인공이 된다

    영화나 드라마에서 사용하는 '주인공'이라는 말이 원래는 선어라는 사실을 아는 사람은 그리 많지 않을 것입니다. 자주성이나 자기 책임을 갖고 자신의 인생을 살라는 의미에서 "자신의 인생의 주인공이 되어라."라고 말하곤 하는데, 선에서 말하는 주인공은 의미가 조금 다릅니다. 선에서 가르치는 주인공은 마음속에 있는 불성, 본래의 자신입니다. 사람은 누구나 자신의 내부에 부처님과 같은 빛나는 불성을 지니고 있으며, 그것이야말로 그 사람 본연의 모습이라는 것입니다. 그 모습을 만나는 것이 진정한 자신으로 사는 길입니다.

    자신의 본래의 모습으로 살 수 있게 된다면 두려울 것은 하나도 없습니다. 무슨 일이 있어도 태연자약, 여러분을 공격하거나 비판하는 사람이 나타나도 여유로울 수 있습니다. 생각지 못한 사고에 휘말려도 '이것도 경험이지.'라며 긍정적으로 받아들일 수 있습니다. 무엇보다 사소한 일에 화를 내거나 기분이 언짢아져서 남에게 화풀이를 하지 않게 됩니다. 그 무엇도 침범할 수 없는 존귀한 자신이 있음을 알기 때문입니다.

하지만 우리는 자신이 주인공임을 쉽게는 깨닫지 못합니다. 타인과 자신을 비교하며 질투하고, 가진 것이 아니라 자신이 가지지 못한 것만 생각하며 우울해합니다. 자기도 모르게 감정적이 되어 버리는 것도 자신이 아닌 상대를 자신의 인생의 '주인공'으로 삼기 때문입니다.

'어차피 나 같은 건…….'이라는 자기 비하나 '남들을 이겨야 해.'라는 집착을 한번 내려놓아 보십시오. 항상 여러분이 주인공이 되는 것입니다. 어렸을 때 여러분은 시간 가는 것도 잊고 매일 열심히 놀지 않았던가요? 자신이 좋아하는 일에 몰두하지 않았던가요? 그때의 여러분은 자신을 비하하거나 남과 비교하며 우울해하지 않았을 것입니다. 자신의 인생의 주인공이었을 터입니다.

자신의 모습을 더 잃기 전에 그 시절을 떠올려 보시기 바랍니다.

더 많은 것을
원하지 않는다

붓다께서 열반하기 직전에 하셨다는 설법에는 '지족知足'이라는 개념이 나옵니다. 족함을 안다, 즉 지금 주어진 것에 만족하고 감사한다는 의미입니다.

삼독三毒의 하나인 욕망에는 끝이 없습니다. 우리는 재물은 물론이고 인간관계, 업무 실적, 충실한 사생활, 나아가서는 자신의 젊음과 용모에 이르기까지 '더 갖고 싶어.', '더 나아지고 싶어.'라고 바라는 경향이 있습니다. 그뿐만이 아닙니다. 자신의 인생과 관계가 있는 사람에게도 '더'를 바랍니다. 현실에 좀처럼 만족하지 못하고 '배우자가 지금보다 돈을 더 많이 벌었으면…….', '내 아이의 성적이 더 올랐으면…….', '부하 직원이 좀 더 유능했으면…….', '상사가 나를 좀 더 이해해 줬으면…….'이라고 생각합니다.

발전 욕구를 가지는 것이나 상대방에게 기대를 품는 것이 나쁘다는 말은 아닙니다. 다만 욕망은 점차 집착으로 바뀌고, 그것이 더 큰 집착을 낳아 자신을 괴롭힌다는 사실을 알아 둘 필요가 있습니다. 원하는 것을 손에 넣지 못하면 짜증이 나고 초조해집니다. 설령 당장은 원하는 것을 손에 넣더라도 금방 또 다른 '원하는 것'이 생겨 마음을 괴롭힙니다. 특히 인간관계에서의 욕심이나 집착은 분노를 유발하는 원인이 되기 쉽습니다. 마음 어딘가에 상대를 통제하고 싶어하는 마음이 있기 때문입니다. 상대가 자신의 생각대로 움직이지 않으면 금방 분노로 직결됩니다.

지금 가지고 있는 것, 지금 곁에 있는 사람, 지금 놓인 상황은 모두 소중한 연緣을 통해 맺어진 것입니다.
물론 인간이 욕망을 완전히 버리기는 불가능합니다. 하지만 자신의 분수를 아는 것, 그리고 욕망에 지배당하지 않는 것이 중요합니다. "고맙습니다. 이미 충분합니다." 이렇게 말할 수 있을 때 마음에 안식이 찾아옵니다. 그러면 하루하루가 충실함과 만족감으로 가득 차게 될 것입니다.

지금 당장
행동으로 옮긴다

　방 청소, 서류 정리, 다이어트, 쌓여 있는 이메일의 답신……. '해야지, 해야지.'라고 생각하면서도 좀처럼 시작을 하지 못하는 사람이 많을 것입니다. 마음속에 아무리 '의욕'이 있어도 실제로 몸을 움직여 실행하지 않는다면 방이 깨끗이 청소되지도 않고 군살도 빠지지 않습니다.

　'화내지 않는 사람'이 되는 것도 마찬가지입니다. 마음의 구조나 화내지 않기 위한 방법, 생각하는 법, 생활하는 법을 아무리 잘 알더라도 실제로 화가 났을 때, 자기도 모르게 말투가 거칠어지려고 할 때 그 방법을 실천하지 않는다면 의미가 없습니다.

　선에서는 행동과 실천이 전부라고 말합니다. 물이 높은 곳에서 낮은 곳으로 흐르듯이, 사람은 아무것도 의식하지 않으면 점점 편한 쪽으로 흘러가기 마련입니다. 그래서 시간만 보내다가 결국은 '에라 모르겠다.'라며 포기해 버리지요. 그래서는 평생이 가도 바뀔 수가 없습니다. 만년에 자신의 인생을 되돌아보고 '이런 인생을 산 것이 잘한 일일까?'라고 후회해도 시간을 되돌릴 수는 없습니다.

　행동을 다스림으로써 불성을 갈고닦아 부처님에 가까워지는 것이 선의 생활 방식입니다. 이론과 실천이 일치하는 것을 '행해상응行解相應'이라고 합니다. 매 순간 자신이 믿는 길을 진지하게 달리며 인생을 개척해 나가는 것입니다. 인생을 살면서 나쁜 일이나 싫은 일을 한 번도 겪지 않는 사람은 없습니다. 살다 보면 산도 만나고 골짜기도 만나기 마련입니다. 생각처럼 되지 않는 것이 인생이라고 해도 과언이 아니지요. 그것을 긍정적으로 생각하고 좋은 방향으로 바꿔 나가면 됩니다. 그러려면 '내일부터', '다음부터'라는 생각을 버려야 합니다. 지금 당장 바꾸자고 결심해야 합니다.

　예전 같으면 벌컥 화를 냈을 상황에서 화를 내지 않게 되면 '성장했구나.'라는 생각이 들 것입니다. 그런 상황을 얼마나 늘릴 수 있느냐가 중요합니다. 여러분이 진정으로 바뀌느냐 그러지 못하느냐는 여기에 달려 있습니다.

조급해하지 말고
기다려 본다

　우리의 선조는 농경민족으로서 논밭을 일궈 대지의 결실을 얻으며 살아 왔습니다. 괭이로 땅을 갈아 씨앗을 뿌리고, 작물이 성장하는 모습을 세심하게 관찰하며 물을 주고 가지를 치고 잡초를 뽑았습니다. 그렇게 몇 달 혹은 1년이라는 긴 시간을 들여 작물이라는 자연의 선물을 키웠습니다. 특히 우리의 주식인 쌀은 수확하기까지 88가지나 되는 과정을 거쳐야 한다는 말이 있을 만큼 키우는 데 엄청난 시간과 노력이 필요합니다.

　그런 선조의 피를 이어받은 우리 또한 본래는 만사를 꼼꼼히 관찰하고 해야 할 일을 하면서 때를 기다리는 데 소질이 있을 터입니다. 하지만 내 뜻대로 일을 진행하고 싶다는 초조함이 앞서서 지금 당장 결과를 내야 직성이 풀리는 사람이 늘어나고 있다는 생각이 듭니다. 특히 자식이나 부하 직원을 키울 때 그런 초조함이 많이 보입니다. 사람에게는 저마다 자신만의 성장 속도와 변화의 시기가 있습니다. 그러므로 사람을 키울 때는 먼저 상대방의 페이스를 파악해야 합니다. 그런데 자신의 사정이나 생각만 의식한 나머지 상대방의 상태를 알아보지 못하고 쓸데없는 짜증을 냅니다. 비단 타인뿐만 아니라 자기 자신을 성장시킬 때도 이런 모습을 볼 수 있습니다. 또 인간관계에 마찰이 생겼거나 타인에게서 오해를 받았을 때 **문제를 해결하려고 지나치게 서두르다가 오히려 일을 더 키우는** 사람도 종종 봅니다.

의사소통이 원활하지 않을 때는 어떻게 해 보려고 무리하게 애쓰지 말고 기다려 보는 것도 중요한 해결 방법 중 하나입니다. 아기 새가 부화할 때, 바깥세상으로 나올 준비가 되어 있으면 아기 새는 알 안에서 껍데기를 쿡쿡 쫍니다. 그러면 어미 새는 그 희미한 소리를 듣고 바깥에서 껍데기를 쪼아 알을 깨 줍니다. 아기 새가 안쪽에서 껍데기를 쪼는 소리가 '줄啐', 어미 새가 바깥에서 껍데기를 쪼는 소리가 '탁啄'입니다. 줄탁동시啐啄同時, 즉 무슨 일이든 양자의 타이밍이 딱 맞을 때 변화하며 새로운 것이 탄생하게 되어 있음을 명심하십시오.

화내지 않기 위한 '마음가짐' 15

먼저 자신부터 시작한다

일본 조동종의 시조인 도겐 선사는 젊은 나이에 송나라로 건너갔는데, 그곳에서 만난 한 전좌화상(典座和尙, 사찰의 음식을 만드는 소임을 가진 스님)에게 큰 영향을 받았습니다. 무더운 여름날, 도겐 선사는 마당에서 표고버섯을 말리고 있는 그 전좌화상을 만났습니다. 보니까 등이 활처럼 굽은 노승이었습니다. 늙은 전좌화상은 찌는 듯한 더위 속에서 삿갓도 쓰지 않은 채 지팡이를 짚고 땀을 뻘뻘 흘리며 작업을 하고 있었습니다.

도겐 선사는 걱정이 되어 이렇게 물었습니다.

"왜 다른 이에게 시키지 않고 직접 버섯을 말리십니까?"

그러자 전좌화상은 짤막하게 딱 한마디만 했다고 합니다.

"타불시오 他不是吾"

'타인은 내가 아니므로 타인이 해서는 자신의 수행이 되지 않는다.'라는 의미입니다. 도겐 선사는 이 말에 정신이 번쩍 들며 많은 깨달음을 얻었다고 합니다.

자신의 수행은 자기 자신만이 할 수 있습니다. 이와 마찬가지로 **바꾸고 싶을 때 자신을 바꿀 수 있는 사람은 오직 자신뿐입니다.** '누군가가 나타나 나를 바꿔 주지 않을까?', '시간이 지나면 주위 환경이 바뀌어서 스트레스가 줄어들지도 몰라.' 이런 어렴풋한 기대는 깔끔하게 버리십시오. 만에 하나 유능한 코치처럼 여러분을 이끌어 줄 사람이 나타나 하나부터 열까지 조언을 해 준다고 해도 타인에게 의존하는 한 자신의 길은 보이지 않습니다. 또 인사이동이나 이사 등의 환경 변화로 여러분을 괴롭히던 인간관계에서 벗어난다고 해도 여러분 자신이 바뀌지 않으면 다시 같은 상황이 만들어질 것입니다.

선에서는 작무作務를 '사람이 사람이기 위한 기본 행위'라고 정의합니다. 선승은 청소나 취사, 마당일 등을 '꼭 처리해야 하는 의무'라고는 생각하지 않습니다. 설령 귀찮은 일이라고 해도 마음을 담아서 하면 반드시 개운함이 남으며, 진지하게 몰두한 만큼 결과가 남습니다. 그리고 자신의 성과를 느낄 수 있습니다.

자신을 바꿀 수 있는 사람은 오직 자기 자신뿐입니다. 선승은 이것을 몸으로 체험하며 깨닫습니다.

완벽을 추구하지 않는다

　이 세상에 살아 있는 한 모든 일이 생각대로 흘러가고 고민이나 스트레스가 말끔하게 사라지는 일은 절대로 없습니다. 또 결점이 하나도 없는 완벽한 사람은 존재하지 않으며, 처음부터 무엇이든 완벽하게 할 수 있는 사람 역시 단 한 명도 없습니다.

　그런데 우리는 무엇을 하려고 할 때 어째서인지 완벽을 추구합니다. 희망을 품고 자신을 바꾸려고 노력하거나 상대와 좋은 관계를 쌓으려 하는 자세를 갖는 것은 좋은 일입니다만, 자신의 행동이 바람직한 결과를 얻지 못하면 금방 풀이 죽어 버립니다.

　'어차피 내게는 무리였어.' '저 사람이 바뀌지 않으니 평생이 가도 고생할 수밖에 없지.' 그리고 이렇게 자신을 비하하거나 상대를 원망하기 시작합니다.

하지만 사람은 불완전한 생물이며 매일 생각대로 되지 않는 현실 속에서 발버둥 치며 사는 존재입니다. 현실을 받아들이고 담담히 앞으로 나아가십시오. 이때 유념해야 할 점은 결과에 집착하지 않는 것입니다. 우리네 인생에서는 원하는 결과가 나올 때가 더 적기 때문입니다. 물론 '무슨 일이 있어도 좋은 결과를 내겠어!'라고 결심하고 열심히 노력하는 것은 중요하며 그런 자세가 훌륭한 성과로 이어지기도 합니다. 다만 그 성과에 도달하기까지는 시간이 걸립니다. 또 시련도 있을 것입니다. 하지만 그렇다고 해서 "이제 질렸어."라며 노력하기를 멈춘다면 지금까지의 상황을 바꿀 수 없습니다.

물이 흐르는 곳에는 자연스럽게 도랑이 생깁니다. 처음에는 좁은 도랑이지만 물이 계속 흐르는 사이에 점차 넓어져 나중에는 물이 풍부한 수로가 됩니다. 선에서는 이 진리를 '수도거성水到渠成'이라는 말로 설명합니다. 완벽해질 수 없다고 해서 도중에 그만둬 버린다면 기껏 생긴 도랑의 물이 말라 버릴 것입니다. 변화의 때를 맞이하려면 **결과에 집착하지 말고 무심하게 노력을 계속하는 것이 중요**합니다.

화내지 않기 위한
'몸가짐'

배로
천천히 심호흡을 한다

혹시 평소에는 전혀 신경이 쓰이지 않던 가족의 작은 버릇이나 친구의 별 생각 없는 한마디가 이유 없이 신경에 거슬러서 "다리 좀 그만 떨지 않을래!?", "뭐? 방금 그 말 무슨 의미야?"라고 거칠게 말하는 바람에 상대를 놀라게 한 적이 있지는 않습니까?

똑같은 일이 일어나도 그때 자신의 상태에 따라 대응이 달라지기 마련입니다. 평소 같으면 흘려 넘길 상황인데 자기도 모르게 화가 나서 짜증을 낸다면 그 원인은 바로 자신의 마음이 어지럽기 때문입니다. 궁지에 몰린 정신 상태나 초조함을 무의식중에 분노라는 행위로 해소하려고 한 것이겠지요. 그럴 때 자신의 호흡을 의식해 보면 빠르고 얕을 것입니다.

사실 마음과 호흡에는 깊은 관계가 있습니다. 아랫배를 의식적으로 움직이면서 심호흡을 천천히 대여섯 번 반복해 보십시오. 마음이 느긋해지면서 차분해지지 않습니까? 또 그때까지 깨닫지 못했던 주위의 소리나 풍경을 느낄 수 있게 되지 않습니까? 만약 그렇게 느낀다면 그것은 마음의 잡음이 사라져 기분이 안정되었기 때문입니다.

호흡은 직접 마음에 작용해 기분을 안정시키는 힘을 지니고 있습니다. 가령 중요한 프레젠테이션이나 회의에 들어가기 전, 결혼식 인사말을 하기 전 등의 상황에서는 긴장으로 호흡이 얕아지기 마련입니다. 흔히 상대를 안정시킬 때 "자, 심호흡을 해 봐."라고 말하는데, 이것은 실제로 효과가 있습니다. 다만 흉식 호흡(가슴 운동에 의해 하는 호흡. 배로 하는 복식 호흡과 구별된다.)은 아무리 해도 효과가 없습니다. 단전에 의식을 집중하고 깊고 길게 호흡하는 것이 중요합니다. 이 호흡이 선의 중요한 수행 중 하나인 좌선의 기본, 단전호흡입니다. **호흡이 정돈되면 마음도 정돈되어 어지간한 일에는 현혹되지 않는 부동심이 생깁니다.** 또 기분이 안정되며 의젓해집니다.

호흡이 몸과 마음에 끼치는 영향은 과학적으로 증명되었습니다. 호흡을 바로잡으면 혈액 흐름이 25퍼센트 상승하고, 반대로 호흡이 흐트러지면 혈관이 수축해 혈액의 흐름이 약 15퍼센트 저하된다는 실험 데이터가 있습니다. 호흡이 바로잡히면 몸과 마음의 긴장이 풀리므로 혈관이 확장됩니다. 그 결과 혈액의 흐름이 좋다진다고 생각할 수 있겠지요. 피의 흐름이 좋아지면 그만큼 내장이 활발히 활동하게 됩니다. 게다가 뇌도 활성화되고 스트레스도 줄어듭니다. 또 심호흡을 하면 정신 상태를 안정시키는 뇌내 물질인 세로토닌이나 긴장이 풀린 상태에서 나오는 알파파가 대량으로 나온다는 사실도 증명되었습니다. 이런 사실에서 알 수 있듯이 호흡은 우리의 생각 이상으로 마음에 커다란 영향을 끼칩니다.

단전호흡의 포인트는 **숨을 들이마시기 전에 먼저 전부 내쉬는 것**입니다. 스트레스를 전부 바깥으로 내보낸다는 생각으로 이 이상 토해 낼 수 없을 때까지 숨을 내쉬고, 그 다음에는 자연스럽게 공기가 들어오도록 내버려 두기 바랍니다. 처음에는 훈련이 필요하지만 익숙해지면 언제 어디서나 할 수 있게 됩니다. 지하철에서, 걸으면서, 마음이 술렁일 때, 기분 전환을 하고 싶을 때……. 물론 짜증이 폭발할 것 같을 때나 화가 날 때 효과적임은 굳이 말할 필요가 없을 것입니다.

불과 몇 분 사이에 기분을 전환하는 기술을 익힌다면 평생의 보물이 될 것입니다.

일상의 행동을
아름답게 한다

　선의 수행은 마음을 바로잡기 위해 먼저 자세를 바로잡고 행동거지를 바로잡는 것으로 시작됩니다. 행동거지란 우리의 평소 행동을 뜻합니다. 선에서는 '행주좌와行住坐臥'라는 말로 표현하지요. 그 행동을 아름답게 하는 것은 기본 중의 기본입니다. 행동이 세련되면 마음도 수련되어 아름다워진다는 생각입니다.
　'일상의 행동을 바꾸기만 해도 마음이 수련된다니 정말일까?' 이렇게 생각하는 사람이 있을지도 모릅니다. 하지만 마음과 행동은 끊으려야 끊을 수 없는 관계입니다. 가령 괴로운 일이 있어서 마음이 우울할 때 여러분이 걷는 모습을 상상해 보십시오. 어깨가 축 늘어진 채로 고개를 숙이고 힘없이 걷고 있지 않을까요? 한편 기쁜 일이 있어서 마음이 들떴을 때는 고개를 들고 발걸음도 가볍게 걷고 있을 것입니다. 또 생각해 보십시오. 다리를 아무렇게나 뻗고 당장이라도 의자에서 떨어질 것 같은 자세로 앉아 있는 사람이 의욕이 넘쳐 보이십니까? 거칠게 잔돈을 건네는 점원의 마음이 행복으로 가득해 보이십니까?

행동은 마음을 비추는 거울입니다. 그 사람의 행동에는 주위 사람이나 업무를 어떤 자세로 대하고 있는지, 또 인생을 어떻게 대하고 있는지가 여실히 나타납니다. 미간을 잔뜩 찌푸리며 다른 사람에 대해 험담하는 사람이나 얼굴이 새빨개져서 길길이 화를 내는 사람의 행동이 아름답게 보이는 일은 결코 없습니다.

수행을 시작한 운수승은 먼저 속세에서 하던 행동을 철저히 고쳐야 합니다. 24시간의 세세한 방법이 정해져 있고 엄격한 규율이 있습니다. 세면, 식사, 입욕은 물론이고 걷는 법이나 수면, 화장실에 이르기까지 전부 정해진 순서에 따라 재빠르게 할 것이 요구됩니다. 어떤 운수승이든 처음에는 그전까지 하던 생활과의 괴리에 당혹감을 감추지 못하며 크게 고생합니다. 하지만 한 달만 지나면 다른 사람이 됩니다. 등이 곧게 펴지고 시원시원한 동작이 몸에 뱁니다. 선의 길을 극한까지 걸은 고승은 그저 그곳에 계시기만 해도 옆에 있는 저희의 마음까지 맑아질 것만 같은 풍격과 품위를 발산합니다. 일상의 행동을 갈고닦고 수행에 정진한 결과 그런 덕이 있는 아름다움이 뿜어져 나오는 것입니다.

자세를 바로잡고 호흡을 바로잡으면 마음이 정돈됩니다. 이것을 선에서는 '조신調身, 조식調息, 조심調心'이라고 하며 좌선의 3요소로 여깁니다. 이 셋이 하나가 될 때 좌선이 완성되어 무의 경지를 맛볼 수 있습니다.

결코 돋보이지는 않지만 주위 사람을 끌어당기는 매력을 지닌 사람이 있습니다. 그런 사람은 평소에 행동과 호흡은 물론 마음도 정돈되어 있을 것입니다. 마음만 바꾸려고 하면 사람은 그렇게 쉽게 바뀌지 않습니다. 하지만 일상의 행동거지는 의식만 하면 쉽게 바꿀 수 있습니다. 그렇다고 귀부인처럼 행동하라는 말은 아닙니다. 항상 다른 사람들의 시선을 의식하면서 자신이 어떻게 보일지에만 신경을 쓴다면 이는 본말전도입니다.

무슨 일이든 **마음을 담아 하나하나 정성껏 하자고 의식하기만 해도 평소의 몸가짐이 완전히 바뀝니다.** 아름다운 행동을 자신의 것으로 만들면 감정을 뒤흔드는 사건이 일어나도 흔들림 없이 대처할 수 있게 될 것입니다.

단 10분이라도
걷는 시간을 만든다

'산책이나 워킹이 몸에 좋은 줄은 알지만 실제로 할 시간이 없어. 도저히 그럴 여유가 없어.'

만약 이렇게 생각하고 있다면 생각을 조금 바꿔 보시기 바랍니다.

누구나 알고 있듯이 걷는 행위는 여러 가지 이익을 가져다줍니다. 신진대사와 혈액 순환을 활발하게 해 건강을 촉진하는 효과가 있을 뿐만 아니라 기분이 새로워져 스트레스 해소에도 도움이 됩니다. 그뿐만이 아닙니다. 업무나 집안일에서 일단 벗어나 한 발씩 걸음을 옮기는 시간은 계절의 변화를 피부로 느끼며 평소의 자신을 되돌아보는 귀중한 시간이 됩니다. 정신없이 바쁜 일상 속에서 시간은 순식간에 지나갑니다. "바쁘다, 바빠."를 되뇌는 사이에 하루가 끝나고, 정신을 차려 보면 일주일, 한 달, 그리고 1년이 지나갑니다. 눈 깜짝할 사이에 연말이 찾아와 "올해도 진짜 빨리 지나갔네."라며 한숨을 쉬는 사람도 많을 것입니다. 이것은 자기도 모르게 하루하루를 쫓기듯이 사는 바람에 자신을 되돌아볼 여유도 없이 그저 시간을 차곡차곡 쌓아 가기 때문입니다.

20분, 아니 10분이라도 좋으니 시간을 내서 걸어 보십시오. "시간이 없어."라고 푸념하면서 텔레비전이나 컴퓨터 앞에 앉아 멍하니 시간을 보내거나 게임을 하는 경우도 종종 있습니다. 그 시간에 편한 신발을 신고 집 밖으로 나가 보시기 바랍니다. 대지를 밟고 느긋한 기분으로 호흡하면서 걸어 보십시오. 평소에는 연방 시계를 쳐다보면서 종종걸음으로 걷던 역으로 향하는 길이 전혀 다르게 보일 것입니다. 뺨을 부드럽게 어루만지는 바람, 그 계절의 꽃과 풀, 깨끗하게 정돈된 이웃의 정원, 새로 문을 연 가게……. 여러 가지를 발견할 수 있을 것입니다. 그런 모든 것을 실컷 즐기면서 발걸음을 옮기면 긴장으로 굳어 있던 마음이 조금씩 풀어집니다. 자신의 페이스로 걷는 사이에 일상 속에서 잊어 가던 마음의 여유를 되찾을 수 있습니다.

그저 걸어 보십시오. 짧은 시간 속에서 한없는 풍요를 발견할 수 있을 것입니다.

의식적으로
몸을 움직인다

운동도 좋고 야외 활동도 좋고 청소 같은 집안일도 상관없습니다. 여러분은 몸을 움직이며 땀을 흘리고 있습니까? 요즘 들어서 심장이 격렬하게 뛸 만큼 열심히 몸을 움직인 적이 있습니까?

기술의 진보로 우리는 편리한 생활을 손에 넣었습니다. 하지만 그 대가로 몸을 움직이고 땀을 흘린 뒤에만 느낄 수 있는 충실감을 잃었습니다. "살아 있다는 실감이 나지 않아."라고 말하는 사람이 있으면 저는 "먼저 몸을 쓰십시오."라고 조언합니다. 실제로 몸을 움직여서 자신의 심장 고동 소리와 체온을 느끼며 오감을 발동시키면 틀림없이 자신이 살아 있음을 실감할 수밖에 없지요.

하지만 최근에는 본인이 의식적으로 하지 않으면 몸을 움직이며 무엇인가를 체감할 기회가 굉장히 줄어들었습니다. 몸과 마음은 연결되어 있기 때문에 몸을 움직이지 않으면 그만큼 마음도 정체됩니다. 오늘날 불만과 망설임을 떨쳐 버리지 못하는 사람이 늘어난 데는 그런 이유도 있지 않을까 하는 생각이 듭니다.

운수승이 수행을 할 때도 철저히 몸을 사용합니다. 청소와 밭일, 취사, 빨래, 비품 관리 등 절의 운영에 관한 모든 일을 '작무作務'라고 부르며 수행의 일환이라는 생각으로 진지하게 임합니다. 좌선이나 독경이 아닌 잡일이라고 해서 소홀히 여기는 일은 결코 없습니다. 그렇게 열심히 몸을 움직임으로써 번뇌를 벗어던지고 일심불란하게 작무에 몰두하는 운수승들의 모습은 실로 상쾌해 보입니다.

몸을 사용하려고 **일부러 헬스클럽에 갈 필요는 없습니다. 대충대충 하던 청소를 본격적으로 하거나 한 정거장 앞에서 내려 걷는 것으로 충분**합니다. 저는 평소에 에스컬레이터나 엘리베이터 대신 계단을 이용하는 방법을 추천합니다. 처음부터 갑자기 10층 이상을 오르내리기는 조금 버거울지 모르지만 5~6층 정도라면 큰 부담은 없을 것입니다. 조금 빠른 속도로 단숨에 올라가면 도착했을 무렵에는 심장 박동이 빨라지고 땀도 살짝 흐를지 모릅니다. 바로 그런 순간에 좁아졌던 시야가 확 넓어지면서 새로운 영감이나 충실감을 얻곤 합니다.

있는 힘껏 고함을 지른다

중국 당나라 시대의 고사故事를 하나 소개하겠습니다. 백장회해라는 선승은 어느 날 스승인 마조도일 노사에게 "할!"이라는 대갈일성을 듣고 사흘 동안 귀가 들리지 않았는데, 그 후 그때까지의 번뇌에서 해방되어 깨달음을 얻었다고 합니다. 사흘 동안 귀가 들리지 않았다는 것은 과장일지도 모르지만, 백장회해는 스승의 일갈에 온몸이 찌릿찌릿할 만큼 충격을 받았을 것입니다. 그렇기에 막다른 길에서 탈출해 깨달음을 얻을 수 있었던 것이지요.

사람은 누구나 풀이 죽기도 하고 방황도 합니다. 하지만 '어떻게든 해결하고 싶어.', '편해지고 싶어.'라며 초조해할수록 똑같은 곳을 빙글빙글 맴돌기 마련입니다. 그리고 결국은 '나란 놈은 늘 이런 식이지 뭐…….'라며 자기혐오에 빠지거나 '저 놈만 없었다면…….'이라고 애꽃은 사람을 원망하곤 합니다. 그럴 때 아무리 열심히 머리를 굴려도 해결책은 나오지 않습니다. 마음이 편해지지도 않습니다. 그러니 생각하기를 멈추고 자신에게 크게 소리쳐 보십시오. 뱃속 깊은 곳에서 울려 **퍼지는 커다란 목소리에는 순간적으로 모든 것을 날려 버리는 강한 힘이 있습니다.**

그런데 어디에서 큰 소리를 지를 수 있을까요? 물론 바다나 산에 가면 되겠지만 현실적으로는 어려움이 있지요. 하지만 부담 없이 큰 소리를 지를 수 있는 곳이 아주 가까운 곳에 있습니다. 네, 노래방입니다. 노래방이라면 다른 사람을 신경 쓰지 않고 마음껏 큰 소리를 낼 수 있습니다. 좋아하는 노래를 목청이 터져라 부르면 스트레스도 해소되고 마음도 개운해질 것입니다.

또 독경도 큰 효과가 있습니다. 경이라고 하면 어렵게 생각될지 모르지만, 각지의 절에서 초보자도 참가할 수 있는 독경회를 개최하고 있습니다. 처음에는 무슨 뜻인지 몰라도 됩니다. 몸과 마음을 전부 담아 배에서부터 목소리를 내는 것이 핵심입니다. 무심하게 큰 소리로 열심히 경을 읽으면 그때까지 안고 있던 고민 따위는 저 멀리 날아가 버릴 것입니다.

자연 속에 몸을 둔다

나뭇잎 사이로 새어 들어오는 햇살이 아름다운 숲속. 지저귀는 새소리가 멀리서 들리고 기분 좋은 바람이 나뭇가지 끝을 스쳐 지나갑니다…….

이런 장소에 가면 자기도 모르게 기지개를 크게 펴고 싶어집니다. 우리는 자연 속에 있으면 몸과 마음이 해방되어 일상의 스트레스를 날려 보내고 재충전할 수 있습니다. 인간도 자연과 함께 사는 동물이기 때문입니다. 왠지 기분이 우울하거나 다른 사람이 부러워 견딜 수가 없으면 가까운 자연 속으로 떠나 보시기 바랍니다. 산도 좋고 바다도 좋습니다. 번잡한 굴레에서 벗어나 대자연에 몸을 맡기십시오. 파도가 부딪치는 소리를 듣고, 모래를 한 움큼 쥐어 그 촉감을 즐기고, 바닷바람을 맞으며 산책을 합니다. 산길을 한 걸음 한 걸음 걸으며 땀을 흘리고, 산 정상의 경치를 만끽하며 도시락을 먹습니다. 피곤하면 시간의 흐름을 잊고 눈앞의 풍경을 멍하니 바라봅니다. 이런 것으로도 충분합니다. 평소 생활에서는 절대 맛볼 수 없는, 말로는 표현하기 어려운 해방감이 솟아나며 비굴한 마음이나 완고한 마음이 풀어질 것입니다.

본래 우리의 선조는 떠오르는 아침 해를 바라보며 두 손을 모으고 차고 기울기를 반복하는 달을 사랑하며 자연과 한몸이 되어 살아 왔습니다. 사계절의 변화를 민감하게 느끼며 섬세한 감성을 키워 왔습니다. 하지만 오늘날 우리의 오감은 바쁜 일상 속에서 점점 둔감해지지 않았나 싶습니다. 이래서는 세계에 자랑할 수 있었던 고유의 감성이 점점 약해질 수밖에 없습니다.

'유록화홍柳綠花紅'이라는 선어가 있습니다. 버드나무는 녹색, 꽃은 붉은색이라는, 있는 그대로의 모습으로 우리 앞에 있으며 그 모습 속에 영원한 진리가 있다는 의미입니다. 자연은 항상 우리에게 있는 그대로의 모습을 보여 줍니다. 그 모습과 마주할 때 우리 자신도 있는 그대로의 모습이 될 수 있습니다. 그리고 이때 일상 속에서는 결코 만날 수 없는 새로운 자신을 발견하게 될 것입니다.

채소 중심의 전통식을
감사하는 마음으로 먹는다

앞에서 절에 입산한 운수승들이 한 달만 지나도 표정과 행동이 완전히 바뀐다는 이야기를 했습니다. 여기에는 규율 바른 생활과 좌선, 독경 등의 효과도 물론 있습니다만 그들의 변화를 이끌어 낸 또 다른 요인이 있지 않나 생각합니다. 바로 채소 중심의 소박한 식사입니다. 수행 중의 아침 식사는 죽과 깨소금, 채소 절임입니다. 점심 식사는 밀이 들어간 밥과 된장국, 채소 절임이며, 저녁 식사에는 '별채別菜'라고 부르는 조림 등의 간단한 반찬이 하나 딸려 나올 뿐입니다. 동물성 음식은 전혀 없습니다. 그래서 입산을 하고 한 달만 지나면 다들 10~15킬로그램은 우습게 빠지지요. 익숙해지기 전의 공복감은 이루 말할 수가 없지만, 시간이 조금 지나서 그 식사에 익숙해지면 머리가 매우 맑아

지고 몸놀림이 가벼워집니다. 또 피부에도 윤기가 돌며 입산 전보다 건강해집니다.

한편 운동선수나 격투기 선수는 경기 전날에 스테이크나 불고기 등 고기를 충분히 먹지 않으면 투쟁 의욕이 솟지 않는다는 이야기를 들은 적도 있습니다. 무엇을 먹느냐는 우리의 생각 이상으로 그 사람의 정신 상태에 영향을 끼치는 것이 아닐까요? 화합을 중시하는 일본인의 온화한 국민성은 사면이 바다로 둘러싸인 국토에서 사는 농경민족으로서 채소와 콩류, 해조류, 생선 등을 중심으로 한 식사의 영향이 아닐까 싶습니다. 이와 마찬가지로 서양인은 과거에 수렵 민족으로서 고기 중심의 식생활을 통해 투쟁심과 독립심을 얻어 왔습니다. 최근 들어 쉽게 화를 내는 젊은이가 늘어났다고 하는데, 식사의 서구화도 그 원인 중 하나가 아닐까 싶습니다.

예로부터 전해져 내려오는 사찰의 전통식은 영양 균형이 우수해 오늘날 세계적으로 주목받고 있습니다. 온화한 마음을 되찾기 위해서라도 전통식의 장점을 다시금 되돌아봐야 할 시기가 온 것은 아닐까요? 아울러 식사 전후에 식사를 만들어 준 사람과 생산자, 음식을 운반해 준 사람, 그리고 식재료의 목숨에 감사하며 합장하는 훌륭한 풍습도 꼭 되돌아봐야 할 것입니다.

느긋하게
욕탕에 몸을 담근다

　수행승이 있는 사찰에는 삼묵당三黙堂이라고 부르는 장소가 있습니다. 좌선을 하는 등 생활의 중심이 되는 승당과 화장실(동사), 그리고 목욕탕(욕사)을 가리키는데, 이곳은 신성한 장소여서 한마디도 말을 해서는 안 됩니다. 승당은 그렇다 치더라도 화장실과 목욕탕에서 깨달음을 얻는다고 하면 잘 이해가 되지 않을지도 모르겠습니다만, 오추사마 명왕烏芻沙摩明王은 화장실에서, 발타바라보살은 욕실에서 깨달음을 얻었다고 하며 지금도 사찰의 화장실과 욕실에서는 각각의 부처님을 모시고 있습니다.

　실제로 깨달음까지는 아니더라도 화장실이나 목욕탕에서 좋은 아이디어가 번뜩인 경험을 한 사람은 많을 것입니다. 특히 몸과 마음이 편안해지는 목욕탕에서는 오늘 하루를 무사히 보냈다는 안도감도 한몫해 자기도 모르게 무릎을 탁 하고 칠 만큼 참신한 발상이 떠오르기 마련입니다. 저 또한 정원 만들기에 관한 새로운 아이디어가 떠오른 적이 여러 번 있었습니다. 하루 종일 팽팽하게 당겨져 있던 긴장의 끈이 느슨해지면서 선입견이나 고정관념이 전부 사라지고 발상이 유연해진 덕분이겠지요.

또 **피곤한 몸을 욕탕에 담그면 그때까지 한쪽 측면밖에 보이지 않았던 인간관계를 다른 각도에서 바라볼 수 있습니다.** '그때는 나도 모르게 되받아쳤는데, 어쩌면 내게도 반성할 점이 있는지 몰라.' '일방적으로 비난했지만 상대의 이야기도 들어봤어야 했어.' 이렇게 낮에는 '용서할 수 없어.'라고 생각했던 상대의 처지를 고려할 여유도 생깁니다.

다만 물이 뜨거우면 몸과 마음을 활동 모드로 만드는 교감 신경이 활발해지니 느긋한 상태로 만들어 주는 부교감 신경이 활성화되도록 조금 미지근한 욕탕에 들어가십시오. 간편하다는 이유로 샤워만 하고 끝내거나 욕탕에 들어가더라도 금방 나오는 습관이 있는 사람은 오늘 밤부터라도 느긋하게 욕탕에 몸을 담그고 손과 발을 쭉 뻗어 보시기 바랍니다.

잠들기 30분 전에는 조용하고 차분한 시간을 보낸다

 "요즘 들어서 잠이 잘 안 옵니다.", "아침에 일어나도 피곤이 완전히 풀리지 않고 남아 있습니다." 이런 말을 종종 듣습니다. 그래서 그분께 "잠들기 전에 무엇을 하십니까?"라고 물어보면 이런 대답이 돌아옵니다. "컴퓨터를 했습니다.", "텔레비전(또는 태블릿 단말기)을 보고 있었습니다.", "휴대전화로 문자를 주고받았습니다." 혹은 "동료와 한잔하고 밤늦게 들어와 샤워만 하고 바로 잤습니다."

 이래서는 편안히 잠들 수 없고 피곤이 풀릴 리도 없습니다. 일상의 어수선한 상태를 정리하지 않은 채 그대로 잠자리에 들면 머릿속이 전환되지 않았기 때문에 당연히 잠이 오지 않습니다. 눈을 감으면 일상의 걱정거리가 떠올라 몸은 피곤한 상태인데 마음은 바쁘게 생각을 시작합니다. 또 어둠은 부정적인 생각을 증폭시키기 때문에 계속해서 나쁜 쪽으로 생각이 발전해 괴로운 시간이 계속될 우려가 있습니다.

중요한 것은 머릿속의 전환입니다. 잠들기 전에 어떻게 시간을 보내느냐에 따라 수면의 질이 완전히 달라집니다. 시간에 여유가 있으면 3시간 전부터 수면 모드에 들어갈 준비를 시작하십시오. 신경을 흥분시키는 텔레비전이나 컴퓨터, 휴대전화 등을 그만두고 넉넉한 잠옷이나 운동복으로 갈아입어 몸을 편하게 합니다. 좋아하는 음악이라도 틀어놓고 가능하면 방의 조명을 살짝 낮추십시오. 치유 효과가 높은 아로마 향초를 태우는 것도 추천하는 방법입니다. 향은 뇌에 직접 작용하기 때문에 몸과 마음이 점점 차분해질 것입니다. 요가나 스트레칭으로 몸을 풀어 주고, 여성이라면 피부도 정성껏 관리합니다. 3시간이 무리라면 30분이라도 상관없습니다. 어쨌든 자신이 '기분 좋아.', '마음이 차분해졌어.'라고 느끼는 시간을 충분히 맛보시기 바랍니다.

낮에 생각대로 풀리지 않은 일이 있었을지도 모릅니다. 하지만 하루를 무사히 마치고 자신을 위한 시간을 보내고 있다는 행복을 깨달으면 자연스럽게 고마운 마음이 느껴질 것입니다. 그리고 감사하는 마음과 함께 편안한 기분으로 잠이 들면 틀림없이 기분 좋은 아침이 기다리고 있을 것입니다.

화내지 않기 위한
'생활 습관'

아침 일찍 일어난다

여러분의 아침은 매일 어떻게 시작되고 있습니까? "이런, 또 늦잠을 잤네!"라며 허둥지둥 잠자리를 박차고 일어나 세면과 식사를 대충 마치고 집을 나왔다가 도중에 두고 온 물건이 떠올라 되돌아갑니다. '좀 더 일찍 일어났어야 했는데……'라고 후회하면서 직장으로 향하고, 제대로 준비도 못한 채 회의나 미팅에 참가합니다. 이메일의 답신이나 전표 정리는 당연히 뒷전으로 미뤄집니다. 시간에 쫓겨 대충대충 몸단장을 하고 나온 탓에 자신에게 자신감이 없고 하루 종일 안정을 찾지 못합니다……. 혹시 이런 모습은 아닙니까?

불교에서는 원인과 연緣이 연결되어 결과가 만들어진다고 생각합니다. 이 세상의 모든 것은 상호간의 관계를 통해 만들어집니다. 좋은 원인을 만들면 좋은 결과로 이어지지만, 나쁜 원인밖에 만들지 못한다면 그 정도의 결과밖에 얻지 못합니다. 그것이 세상의 이치입니다. 이 점을 똑똑히 가슴에 새겨 둘 필요가 있습니다.

하루의 '인因'은 아침에 있습니다. 그날 하루의 연이 어떻게 맺어지느냐는 아침을 어떻게 보내느냐에 달려 있다고 해도 과언이 아닙니다. 허둥지둥 시작된 아침이 어떤 결과를 낳을지는 제가 말씀드리지 않아도 이미 짐작이 갈 것입니다. 그렇다면 30분 일찍 일어나 여유 있게 하루를 시작한다면 어떻게 될까요? 신문을 읽으면서 느긋하게 아침 식사를 마치고, 그날의 기분에 맞춰 옷을 고를 수 있어 몸단장도 완벽해집니다. '좋았어!'라며 의욕이 충만한 상태로 집을 나서면 출근 도중에 사계절의 변화를 느낄 여유도 생깁니다. 작업을 어떻게 진행할지도 어느 정도 상상할 수 있으므로 효율적으로 일을 할 수 있습니다. 또한 아침 시간을 효과적으로 활용하면 스트레칭이나 워킹 등 몸을 움직일 시간을 만들 수 있을지도 모릅니다. 혹은 근처의 카페에서 영어 회화 공부나 독서를 하는 등 자기계발의 시간을 마련할 수도 있을 것입니다. 최근에는 '아침 활동'이라고 해서 스터디 클럽이나 아침 식사 모임 등의 활동도 있다고 합니다.

그날을 운수 좋은 날로 만들기 위해 할 수 있는 일은 먼저 일찍 일어나 보는 것입니다. '나는 아침잠이 많은데······.'와 같은 걱정은 잠시 옆에 내려놓고 시험 삼아 30분 정도 일찍 일어나 보십시오. 그날 하루를 상쾌하게 보낼 뿐만 아니라 좋은 결과가 손에 들어올 것이라고 자신 있게 말씀드릴 수 있습니다.

아침에
텔레비전을 켜지 않는다

일찍 일어나기에 이어 아침을 바꾸기 위한 또 한 가지 포인트가 있습니다. 바로 '텔레비전을 켜지 않는 것'입니다. 아침에 일어나 텔레비전 리모컨을 들지 않기만 해도 아침을 보내는 방식이 크게 달라집니다. 그리고 나아가서는 그날 하루가 완전히 달라집니다.

여러분이 매일 아침에 뉴스나 정보 방송을 보는 이유는 무엇일까요? 그저 단순한 '습관'일 때가 많지 않을까요? 식사나 몸단장도 하지 않고 진지하게 텔레비전 화면을 바라보는 사람은 거의 없을 것입니다. 대개는 시계의 용도로 이용하거나 일기예보를 보기 위한 목적으로 별다른 생각 없이 켜 놓았을 뿐이지요. 하지만 텔레비전에서 흘러나오는 영상이나 음성은 상상 이상으로 커다란 영향을 끼칩니다. 비참한 사건이나 사고 소식, 필요 없는 가게나 상품의 정보 등이 아침의 맑은 머릿속에 멋대로 침투합니다. 안 그래도 정보가 파도처럼 밀려오는 시대입니다. 아침부터 밤까지 무의식적으로 정보를 받아들인다면 마음이 쉴 틈이 없습니다. 정보를 무비판적으로 받아들여 우왕좌왕하거나 필요도 없는 정보에 현혹되기만 한다면 대체 언제 자신의 인생을 살아야 할지 알 수 없게 됩니다. "정보를 전혀 받아들이지 않으면 사회에서 뒤처지지 않겠어?"라는 분은 조간신문을 읽으시기 바랍니다. 그러면 필요한 정보를 충분히 손에 넣을 수 있습니다. 혹은 중요한 뉴스를 손쉽게 접할 수 있는 라디오도 좋을 것입니다.

텔레비전을 꺼 보면 평소와 달리 아침 준비가 매끄럽게 진행된다는 느낌을 받을 것입니다. 식사나 몸단장을 하면서 화면에 눈을 빼앗기던 시간이 사라진 덕분에 의식을 집중해 준비 하나하나를 성성껏 하게 되어 오히려 준비가 빨리 끝납니다. 그렇게 해서 남은 시간은 스트레칭이나 청소 등에 활용하고, 일을 마치면 차라도 한 잔 하면서 잠시 쉬십시오. 5분 정도라도 좋으니 좌선을 하면 더욱 마음이 안정됩니다. **하루 종일 바쁘게 일하는 머리에 가끔은 휴식을 주는** 것입니다. 그때는 마음속의 중얼거림도 잠시 멈추십시오.

틀림없이 아침부터 기력이 충만해져 그날 하루가 좋은 결과로 이어질 것입니다.

그날의 일정을 결정한다

　해야 할 일이 정해져 있고 그 일에 집중하면 하루가 눈 깜짝할 사이에 지나갑니다. 그리고 저녁이 되어 '어? 벌써 시간이 이렇게 됐네.'라고 깨달았을 때는 기분 좋은 충실감이 마음을 가득 채울 뿐만 아니라 집중한 만큼 만족스러운 성과가 찾아오기 마련입니다.
　선을 수행하는 운수승은 그야말로 매일매일 그런 하루를 보냅니다. '보보시도량步步是道場'이라는 말이 있듯이, 선에서는 하루의 모든 시간이 수행의 연속입니다. 아침 4시에 기상하자마자 좌선과 독경을 하고 청소를 한 뒤 아침 식사를 합니다. 이런 식으로 밤 9시 취침할 때까지 일정이 빽빽하게 정해져 있습니다. 우물쭈물해서는 그 일정을 소화할 수가 없습니다. 또 방법이 조금이라도 틀리면 즉시 선배(고참 화상)의 호통이 날아옵니다. 그렇기 때문에 몸과 마음을 집중해 일 하나하나에 몰두합니다. 그리고 이것이 육체와 정신을 단련시켜 수행이 완성되어 갑니다. 좌선뿐만 아니라 묵묵히 몸을 움직이고 눈앞의 일을 무심하게 몰두하는 것 또한 전부 선의 수행입니다. 요컨대 '행동(行)을 닦는(修)' 것입니다.

처지와 나이는 다르더라도 다들 자신이 '해야 할 일' 또는 '하고 싶은 일'을 매일 열심히 하고 있을 것입니다. 직장에 다닌다면 업무가 있을 것이고, 그렇지 않더라도 집안일이나 일상의 잡무, 취미, 레저, 식사와 입욕에 이르기까지 '할 일'은 끊임없이 있기 마련입니다. 하지만 그날 자신이 해야 할 일을 세밀한 준비부터 시간 배분에 이르기까지 완벽하게 결정해 놓고 하는 사람이 얼마나 될까요? 그리 많지는 않을 것입니다. 하루의 순서를 미리 정해 놓지 않은 탓에 "뭐가 이렇게 바쁘지?"라고 푸념하면서도 자기도 모르게 인터넷이나 텔레비전, 문자 전송으로 시간을 허비하는 사람, 항상 즉흥적으로 움직여 업무를 전혀 효율적으로 처리하지 못하는 사람도 많은 듯합니다. 마음만 급해서 '어떡하지?'라고 고민하며 의미 없이 시간을 보내고 맙니다. 그런데 사실은 그럴 때 온갖 사심과 망설임, 불안감이 생겨납니다. 해야 할 일이 보이지 않으니까 자기도 모르게 생각이 부정적인 방향으로 향하는 것입니다.

한번 시간을 마련해서 하루의 일정을 생각하고 결정해 보기 바랍니다. 생활 리듬이 바로잡히면 마음이 바로잡힙니다. 다만 머릿속으로 생각하기만 해서는 금방 흐지부지될 것이 뻔하므로 종이에 적는 것이 중요합니다. 업무는 물론이고 아침에 일어나서 잠들 때까지 자신이 할 모든 일에 시간을 할당합니다. 그런 다음 그 내용을 수첩이나 카드에 적어 놓고 담담히 실행해 나가십시오. 그러면 사념이 생길 틈이 없습니다. 또 평소에 '이것만큼은 해 두고 싶어.'라고 생각만 할 뿐 좀처럼 하지 못하던 공부나 자기계발의 시간도 충분히 확보할 수 있습니다.

물론 도중에 예정이 틀어질 때도 있을 것입니다. 그럴 때는 정해진 일정을 고집하지 말고 임기응변으로 처리하면 됩니다. 특히 밤에는 여유를 갖는 편이 좋으니 처음부터 넉넉하게 시간을 배분하는 것이 좋을지도 모릅니다.

매일의 활동을 시스템화하면 이렇게 해야 하나 저렇게 해야 하나 고민하지 않고 차분하게 눈앞의 일에 몰두할 수 있게 됩니다. 또 항상 온화한 상태로 있을 수 있으므로 매일의 정신 상태가 눈에 띄게 안정됩니다.

자, 내일 아침에 눈을 뜨면 무슨 일부터 시작하시겠습니까?

청소를 한다

여러분은 사찰에 발을 들여놓은 순간 긴장된 분위기가 느껴져 자기도 모르게 등을 곧게 펴고 자세를 바로잡은 경험이 있습니까?

지금까지 말씀드렸듯이 청소는 선 수행의 여러 가지 기본 중 하나입니다. 운수승들은 청소 방법을 철저히 배워서 아침저녁으로 본당을 비롯한 각 건물 안을 구석구석 닦고 경내를 깨끗이 청소합니다. 청소는 마음을 갈고닦는 행위입니다. 마치 거울처럼 빛나는 사찰의 복도와 바닥은 얼룩 한 점 없는 본연의 자신을 표현합니다. 그렇게 정화된 공간과 마주할 때, 인간은 자연스럽게 옷깃을 바로세우고 신비한 기분에 감싸입니다.

절도 신성한 장소이지만, 존귀한 불성을 지닌 여러분이 사는 집 역시 성스러운 곳입니다. 하루를 마치고 돌아와 현관문을 열었을 때 어질러진 방이 여러분을 맞이한다면 그곳은 과연 '존귀한 자신'에게 어울리는 장소일까요? 잠옷은 아무렇게나 벗어 던진 채로 널브러져 있고, 싱크대에는 지저분한 그릇이 그대로 쌓여 있습니다. 또 테이블 위는 물건들로 가득합니다. 이런 상태에서는 귀가 후에 휴식을 취하기는커녕 짜증의 원인 속에서 사는 것과 다름없습니다. 진즉에 버렸어야 할 쓰레기, 정리했어야 할 양복과 잡지, 그리고 방구석에 쌓여 있는 먼지……. 이런 것들이 전부 '잡음'이 되어 여러분의 마음속에서 불협화음을 연주할 것입니다.

선이 지향하는 이상은 '있어야 할 곳에 있어야 할 것이 있도록'입니다. 있어야 할 곳에 있어야 할 것이 확실히 수납되어 있으면 마음도 깔끔하게 정리됩니다. 사찰에 가면 마음이 맑아지듯이, 어떤 장소든 **청결하게 정리된 공간은 마음을 아름답고 깨끗하게 만드는 힘을 지니고** 있습니다. 그리고 청소를 하는 행위 자체도 여러분의 마음을 빛나게 하는 힘을 지니고 있습니다. 기분이 왠지 밝지 않거나 우울한 기분이 사라지지 않을 때는 마음의 구름을 걷어 내고 자신을 갈고닦을 생각으로 방을 깨끗이 청소해 보십시오. 걸레를 꼭 짜서 창문을 닦고, 구석구석까지 정성껏 청소기를 돌리고, 마른 수건으로 가구와 전자 제품을 닦습니다. 그런 작업에 몰두하다 보면 마음을 막고 있던 응어리가 어느새 사라져 버렸음을 깨달을 것입니다. 마음의 잡음을 없애고 싶으면 방을 최대한 간결하게 정리하십시오. 필요한 물건만 놓인 깔끔한 공간으로 만드는 것입니다. 불필요한 것을 극한까지 없앤 사찰의 마당을 보면 마음이 정화되지 않습니까? 그 마당처럼 깔끔한 공간을 만들어 보시기 바랍니다.

  제일 먼저 해야 할 일은 불필요한 물건을 전부 버리는 것입니다. 버리는 것이 서투른 사람은 자기 나름의 기준을 정하십시오. 2년 동안 입지 않은 옷은 처분하기, 편지나 엽서 종류는 상자 하나 분량만 남기고 버리기, 다 읽은 잡지는 반드시 재활용 쓰레기로 내놓기 등과 같이 방의 크기와 생활 방식에 맞춰 기준을 정하면 청소할 때마다 고민하지 않아도 됩니다. 그렇게 해서 필요 없는 물건을 버리고 먼지와 얼룩을 닦아 내면 그때까지 안고 있던 고민과 스트레스도 쓰레기와 함께 버려집니다. 그리고 나서 정신을 차려 보면 방이 깔끔하게 정리되고 마음이 가벼워졌음을 깨달을 것입니다.

  깔끔하게 정리된 방에서는 특유의 상쾌함이 느껴집니다. 그곳에 꽃 한 송이를 장식하면 온 힘을 다해 생명의 빛을 발하는 그 가련한 모습에 마음을 빼앗길 것입니다. 속세에 얽매이지 않는 진정한 의미의 자유로운 삶은 이런 공간에서 탄생합니다.

정말 필요한 물건만 산다

지금 여러분의 방에 있는 물건 중에서 정말 필요한 물건, 앞으로도 소중히 다루고 싶은 물건은 과연 얼마나 될까요? 전부 소중하고 필요하다고 단언할 수 있습니까? 한 번도 써 본 적 없는 아이디어 상품, 기념으로 샀지만 지겨워진 토산품……. 많은 사람이 이런 물건들에 둘러싸여 살고 있지 않을까 생각합니다.

사람은 알몸으로 태어났습니다. 그리고 죽을 때 아무것도 저세상으로 가지고 가지 못합니다. 그런데 왜 이렇게도 많은 물건을 모았을까요? 그것은 물론 여러분이 샀기 때문입니다. 개중에는 다른 사람에게 선물 받았거나 양도 받은 물건도 있겠지요. 하지만 대부분은 '귀여워서 나도 모르게…….', '있으면 편리할 것 같아서…….', '다른 사람들도 다 가지고 있으니까…….' 같은 이유로 산 물건입니다. 그런데도 왜 지금은 식상해졌을까요? 그 이유는 여러분이 '정말 필요한 물건'만을 진지하게 고민하며 사지 않았기 때문입니다.

사고 싶으면 산다고 생각하는 한 여러분의 마음은 쉬지 못합니다. 마음을 정돈하고 싶다면 '갖고 싶다.'는 생각으로부터 자유로워져야 합니다. 달리 말해 '갖고 싶다.'는 생각으로부터 자유로워진다면 여러분의 마음은 무거운 족쇄를 벗어던지고 가벼워질 수 있습니다. 남과 자신을 비교하며 짜증을 내거나 가지고 있지 못한 물건만 바라보며 우울해질 필요도 없습니다.

이를 위해서는 먼저 뺄셈부터 시작하십시오. 마음을 굳게 먹고 불필요한 물건을 철저히 처분하는 것입니다. 그런 다음 깔끔해진 공간 속에서 자신에게 정말 필요한 물건은 무엇인지 다시 한 번 진지하게 고민해 보시기 바랍니다. 그러면 '진정한 자신'이 사실은 무엇을 소중히 여기며 살고 싶어하는지 보일 것입니다. 허영을 만족시키거나 겉모습을 꾸미기 위한 것은 이제 필요 없음을 깨달을 것입니다. 그 다음에는 그 새로운 삶의 방식에 맞는 물건만을 선택하면 됩니다.

그래도 거리를 걸으면 유혹이 가득할지 모릅니다. 충동구매를 할 것 같을 때는 크게 심호흡을 하십시오. 그리고 '본래무일물本來無一物', 즉 사람은 본래 아무것도 소유하지 않은 존재라는 의미의 선어를 떠올리십시오.

몸단장을 충실히 한다

여러분의 주위에도 러닝이나 워킹, 등산 등을 시작할 때 최신 의복과 신발뿐만 아니라 모자와 선글라스에 이르기까지 전부 사는 사람이 있지 않습니까? 이른바 '구색을 갖추는' 유형인데, 의욕을 높여 처음에 품은 뜻을 유지하는 데 매우 효과적인 방법입니다.

무엇을 입느냐는 그 사람의 마음을 나타냅니다. 의복을 제대로 갖추는 것은 '나는 멋있게 러닝을 하고 싶어.', '기분 좋게 걷고 싶어.'라는 의욕의 표명이기도 합니다. 가지고 있던 운동복이나 티셔츠를 적당히 입고 나가 대충 운동하는 사람보다 오래 계속할 수 있으며 효과도 빨리 나타납니다. "그 배역의 옷을 입으면 그 인물의 기분이 될 수 있습니다."라고 말하는 배우가 많은데, 입은 옷이 그 사람의 기분에 끼치는 영향은 결코 무시할 수 없습니다. 구깃구깃한 티셔츠나 며칠 동안 세탁하지 않은 셔츠, 주름진 재킷 등을 태연하게 입는다면 '저는 몸단장 하나 제대로 못하는 무책임한 사람입니다.'라는 딱지를 붙이고 다니는 것과 다름없습니다. 무엇보다 그런 옷을 입고 있는 자신의 마음은 무의식중에 거칠어지고 자포자기 상태가 될 것입니다.

마음을 바꾸고 싶을 때 먼저 겉모습부터 바꾸는 것은 매우 중요한 일입니다. 최신 유행에 맞춰 자신을 치장하라는 말이 아닙니다. 여러분의 마음이 편하기 위해서라도 만나는 사람에게 산뜻한 인상을 주는 말쑥한 의상, 머리카락과 손톱, 신발 등 작은 부분까지 신경 쓴 청결한 차림을 의식하는 것이 매우 중요함을 깨닫기 바랄 뿐입니다.

또 몸단장에 신경을 쓰는 동시에 좋은 자세를 유지하도록 노력하시기 바랍니다. 선에는 '위의즉불법威儀卽佛法'이라는 말이 있습니다. 앉은 자세를 바로하고 몸동작을 올바르게 바로잡는 것이 곧 부처님의 가르침을 실천하는 길이라는 의미입니다. 등을 곧게 펴고 턱을 끌어당기며 배에 힘을 준 상태로 힘차게 땅을 밟고 서십시오. 여러분의 삶의 자세가 여러분이 선 자세와 마찬가지로 늠름해지도록 말입니다.

차의 맛을 음미하며 마신다

우리가 평소에 별 생각 없이 마시는 차는 원래 특권 계급만이 마실 수 있는 귀중품이었습니다. 차의 일본 전래에 관해서는 여러 설이 있는데, 일반적으로는 헤이안 시대에 중국 당나라로 파견을 나갔던 승려가 가지고 왔다고 알려져 있습니다.

달인 차가 발명된 에도 시대 전까지는 차라고 하면 가루차가 주류였습니다. 선의 영향을 받으며 발전한 다도茶道는 당시만 해도 일반 서민의 손이 닿지 않는 지식 계급의 전유물이었지요. 그런 점을 생각하면 언제 어디서나 페트병에 든 차를 살 수 있는 현대는 꿈과 같은 시대라고 할 수 있을지도 모르겠습니다.

차에는 다양한 약효 성분이 있다고 알려져 있는데, 가장 큰 '약효'는 단 한 잔으로 잠시 휴식을 취하며 긴장을 풀 수 있다는 점이 아닐까 싶습니다. 처음 방문한 곳에서 대접받은 차로 마른 목을 축이고 긴장을 풀었던 경험이나 분위기가 얼어 있던 회의장에 새로운 차가 제공된 순간 분위기가 화기애애해지며 의견이 활발하게 나오기 시작한 경험이 많은 사람에게 있을 것입니다. 또 옛날에는 아침을 먹을 시간도 없이 집을 나서는 가족에게 어머니가 "차라도 마시고 가렴."이라며 따뜻한 차를 마시게 한 다음 배웅하기도 했습니다.

이처럼 생활의 일부라고 해도 과언이 아닌 차를 앞으로는 지금까지와 조금 다른 방식으로 즐겨 보면 어떻겠습니까? 차를 마실 때 차와 자신이 한몸이 되었다고 느낄 만큼 마신다는 행위 자체에 몰두해 보십시오. 손에 전해지는 따뜻함, 향긋한 향, 혀를 통해 퍼지는 단맛과 떫은 맛, 목구멍을 지나갈 때의 부드러움. 차를 한 잔 마시기만 해도 이런 다양한 감각을 맛볼 수 있다는 사실에 놀랄 것입니다. '번거로울 것 같은데 할 수 있으려나?'라고 당혹스럽게 느낄지도 모르지만, 걱정할 필요는 없습니다. 찻잔을 들고 일상의 고민을 전부 잊은 채 차를 마시는 데만 집중하면 그만입니다.

'지금'이라는 순간에 오직 한 가지 일에만 빠져드는 것을 선에서는 '끽다끽반喫茶喫飯'이라고 합니다. 오로지 차를 맛보고 오로지 식사를 하는 데 몰두하면 진리가 보이게 된다는 뜻입니다. 이 끽다끽반을 의식하기만 해도 차를 마신다는 일상적인 행위가 정신 수양을 위한 다시없는 기회가 됩니다.

바람의 상쾌함을 느낀다

제가 주지로 있는 겐코지(建功寺)의 경내는 풀과 나무, 꽃이 많아 계절마다 다른 모습으로 마음을 편안하게 만들어 줍니다. 아침에 이 경내의 아주 작은 부분인 본당 앞을 빗자루로 청소하는 것도 제 일과 중 하나이지요. 이 시간은 계절의 변화를 피부로 느끼는 귀중한 시간입니다. 출장이 없는 날은 거의 매일 정해진 시간에 본당 앞을 빗자루로 쓰는데 똑같은 바람, 똑같은 풍경, 똑같은 하늘색인 날은 단 하루도 없습니다.

특히 '아아, 계절이 바뀌었구나.'라고 제일 먼저 가르쳐 주는 것은 바람의 온도입니다. 마른 나뭇잎을 날리는 늦가을의 찬바람, 숲의 나무들 사이로 부는 상쾌한 여름 바람, 부드럽게 뺨을 어루만지는 봄바람……. 겨울에는 손발 끝이 아플 만큼 춥고 여름에는 조금만 움직여도 땀이 날 뿐만 아니라 모기의 공격도 성가시지만, 그것을 메우고도 남을 만큼의 은혜를 매일 경내에서 누리고 있습니다.

그런데 최근 들어 이런 섬세한 계절감을 느끼기가 어려워졌습니다. 콘크리트 건물, 냉난방이 되는 방, 1년 내내 똑같은 채소가 진열되어 있는 슈퍼마켓에서는 사계절의 변화를 느끼라고 해도 느끼기가 어려울지 모릅니다. 특히 도시에서 바쁘게 일하다 보면 크리스마스나 밸런타인데이, 계절별 할인 판매 행사 같은 이벤트로만 계절을 느끼는 경우도 있을 것 같습니다.

하지만 어떤 장소에서 살든 사계절의 바람은 항상 붑니다. 아침에 현관을 나설 때, 하루 업무를 마치고 집으로 돌아올 때, 잠시 장을 보러 나갈 때, 그날 부는 바람에 의식을 집중해 보십시오. 공기의 온도와 습도를, 냄새를 느껴 보십시오. 그리고 나무를 흔드는 바람소리에 귀를 기울여 보십시오. '오늘은 바람이 상쾌하구나.', '코끝이 춥네. 벌써 겨울이군.' 이런 식으로 매일 의식해 보는 것입니다. 그러면 점점 감성이 키워져서 마을의 작은 자연에 주목하는 습관이 생깁니다. 대도시에서 씩씩하게 생명을 꽃피우고 있는 초목과 새들의 존재를 깨닫게 됩니다.

어떤 장소에 있든 우리는 대자연의 일부로서 살고 있습니다. 그 사실을 깨달았을 때 마음이 크게 심호흡을 한 듯이 넓어지는 감각을 맛볼 수 있을 것입니다.

'일일일지一日一止'를 명심한다

중국에는 '일일일지一日一止'라는 말이 있습니다. '하루에 한 번 멈춰서면 올바른 인생을 살 수 있다.'는 의미이지요. '일一'과 '지止'를 합치면 '정正'이라는 문자가 되니 "아하!" 하고 무릎을 탁 치게 되는 말입니다.

선에도 '칠주일좌七走一座'라는 말이 있습니다. 문자 그대로 '일곱 번 달렸으면 한 번은 앉아라.'라는 의미인데, 절대로 계속 달릴 수는 없으니 어느 정도 전력으로 달렸으면 한 번쯤은 휴식을 취하면서 자신이 달린 길을 되돌아보는 것이 중요하다는 가르침입니다. "달리면서 생각해도 되잖아?"라는 사람도 있지만, 그래서는 '달리는 것' 자체에 집중할 수 없습니다. 망설임이나 불안감 속에서 달려서는 제대로 능력을 발휘하지 못할 것입니다. 또 초인이 아닌 이상 사람에게는 반드시 한계가 있습니다. 결국 숨이 차서 기권하거나 몸과 마음에 상처를 입는 결과로 끝날 수 있습니다.

  요컨대 목적지에 빨리 가고 싶으면 정기적으로 푹 쉬면서 영기를 보충하고 계속 지금처럼 달려도 될지, 체력 배분은 잘못되지 않았는지 파악한 다음 달리는 것이 가장 효율적이라는 말입니다.

  쉬어야 할 때 충분히 쉬지 못하는 사람은 힘을 내야 할 때 힘을 내지 못합니다. 일에 집중하기 위한 기력과 체력이 충실하지 못하기 때문입니다. 의욕을 높이며 노력하는 시간과 몸과 마음에 휴식을 주는 시간의 균형을 잘 맞추는 사람은 마음에 여유가 생기고 자신의 힘을 원활하게 발휘할 수 있습니다. 또 주위 사람들에게도 여유 있게 대응할 수 있습니다.

  그렇다면 언제 쉬어야 할까요? 저는 아침 시간대가 가장 효과적이라고 생각합니다. 물론 '바쁜 아침에 그런 시간을 낼 수 있을 리가 없잖아?'라고 생각하는 분이 많을 것입니다. 하지만 앞에서도 이야기했듯이 아침은 중요한 시간입니다. 아침을 성공적으로 보내는 사람이 하루를 성공적으로 보낼 수 있다고 해도 과언이 아닐 정도입니다. 밤에 더 마음이 안정된다는 사람은 자기 전이라도 상관없습니다. 점심시간에 짧은 시간 동안 낮잠을 자는 것도 효과적인 '일지—止'입니다. 하루에 한 번은 발을 멈추고 걷는 길을 확인하면서 나아가면 어느덧 자신이 올바른 길을 걸어왔음을 깨달을 것입니다.

마음을 담아
요리한다

도겐 선사는 작무 중 하나인 요리를 청소와 마찬가지로 매우 소중히 생각했습니다. 사찰에서는 '전좌典座'라고 부르는 요리 담당자가 되는 것이 매우 명예로운 일인 동시에 중대한 책임을 맡는 일이 됩니다. 선승들에게 식사는 수행을 완성시키기 위해 먹는 중요한 행위이며, 그 식사를 만드는 요리 자체도 수행의 장이기 때문입니다.

도겐 선사는 전좌의 마음가짐을 적은 『전좌교훈』에서 요리를 만드는 자가 잊지 말아야 할 세 가지 마음가짐으로 '희심喜心', '노심老心', '대심大心'의 '삼심三心'을 들었습니다. 이것은 각각 식사를 만들어 대접하기를 기뻐하는 마음, 노파처럼 상대를 생각하면서 정성껏 요리하는 마음, 무엇에도 얽매이지 않고 큰마음으로 요리를 만드는 마음입니다.

요리를 한다는 것은 그 식재료의 생명을 취하는 행위입니다. 그래서 사찰 음식을 요리할 때는 무의 끄트머리나 당근 껍질조차 함부로 버리지 않습니다. 또 '오래되었으니까.', '값이 싸니까.'라는 이유로 식재료를 버리거나 소홀히 다루지도 않습니다. 모든 식재료를 전부 사용해 그 맛을 살릴 수 있도록 요리함으로써 식재료의 생명을 소중히 활용합니다. 먹는 사람을 생각하는 마음과 식재료에 감사하는 마음으로 시간과 궁리를 아끼지 않고 몸과 마음을 다해 요리하는 것이 전좌의 자긍심입니다.

여러분이 만든 요리를 먹는 사람이 가족이든, 친구나 애인이든, 아니면 본인이든, 여러분의 요리가 그 사람의 몸을 만들고 에너지가 되며 내일의 양식이 됩니다. 인연이 있어서 여러분을 찾아온 식재료에 감사하며 정성을 담아 요리라는 존귀한 '수행'을 하시기 바랍니다.

도겐 선사는 "도를 추구하는 마음이 없으면 전좌라는 역할은 괴로울 뿐이다."라고 썼습니다. 수행승에게는 불도를 극한까지 닦으려 하는 신심信心이 중요하지만, 여러분에게는 잘 살려고 하는 마음, 그리고 요리하거나 먹기를 즐기는 마음이 중요하지 않을까요? 그 계절에 어울리는 그릇을 고르고 식탁에 꽃을 장식하기만 해도 식사 시간에 마음이 편안해집니다. 부디 이런저런 궁리를 하면서 요리라는 수행을 즐겨 보시기 바랍니다.

타인의 장점을
찾아낸다

함께 있으면 어째서인지 마음이 편해지는 사람이 있습니다. 대체로 웃음이 멋진 사람, 말과 행동이 온화한 사람, 그리고 타인의 '좋은 점'을 잘 찾아내는 사람이 그렇습니다. "고마워. 생각이 세심하네.", "항상 멋진 옷을 입는구나.", "우와, 벌써 다한 거야? 대단해!" 이런 식으로 아주 작은 장점이라도 깨닫는 즉시 말로 칭찬해 주는 사람이 여러분의 주변에도 있습니까?

타인의 단점만을 보는 사람과 장점에 주목하는 사람 중 어느 쪽이 행복할지는 제가 굳이 말할 필요가 없을 것입니다. 그런데 막상 타인의 좋은 점을 찾아보려 하면 이것이 어렵습니다. 평소에 호감을 느끼는 사람이라면 '상냥하다.', '믿음직스럽다.', '센스가 좋다.' 등 금방 장점을 말할 수 있을 것입니다. 반면에 왠지 거북한 사람, 좀 더 말하면 '이 양반 정말 마음에 안 들어.'라고 생각하는 사람의 장점을 찾아내라고 하면 "그 인간한테 장점 같은 게 어디 있어!"라고 쏘아붙이고 싶어지지 않을까요?

하지만 인간은 다면적인 존재입니다. 평소에는 노기 띤 목소리로 부하 직원에게 호통을 치는 악마 같은 상사가 자신이 키우는 고양이에게는 아기를 대하듯이 상냥하게 말을 걸기도 하고, 벌레 한 마리 죽이지 못할 것 같은 얌전한 여성이 사실은 무술 유단자이기도 합니다. 누구나 이렇게 "뭐? 그 사람이 정말!?"이라고 깜짝 놀랄 이야기를 한두 번은 들어 봤을 것입니다. 아무리 마음에 들지 않는 상대라도 여러분이 싫어하는 것은 그 사람의 일면에 불과합니다. 그 일면만을 보고 거부감이나 혐오감을 가졌다면 '호감이 가는 일면'도 찾아보는 것이 무엇보다 여러분 자신에게 이롭습니다.

그렇다면 어떻게 해야 거북한 상대의 장점을 찾아낼 수 있을까요? 먼저 마음의 색안경을 벗어던지고 **오늘 처음 만난 사람이라고 생각하면서 상대해 보시기 바랍니다.** 그러면 '의외로 글씨를 예쁘게 쓰네?', '회의 진행이 능숙한걸?'과 같이 지금까지 깨닫지 못했던 측면이 보일지도 모릅니다. 그런 장점이 보였다면 꼭 말로 전해 주십시오. 얽매이지 않는 유연한 마음도 선이 가르치는 기본 중 하나입니다.

무엇인가 한 가지를 그만둬 본다

'슬슬 그만둬야지.'라고 생각하면서도 실제로는 좀처럼 그만두기 어려운 것이 있습니다. 돈만 내고 다니지는 않는 헬스클럽이나 밤늦게까지 자지 않기, 술과 담배 등이 그 대표적인 예가 아닐까 싶습니다. 하지만 생활을 바꾸고 싶을 때는 '할 일'을 새로 추가하기보다 '하지 않을 일'을 먼저 결정하는 편이 빠르게 변화할 수 있습니다. 그만큼 마음과 시간에 여유가 생겨서 생활에 새로운 바람을 몰고 올 준비를 할 수 있기 때문입니다.

제가 최근에 특히 젊은 세대를 보면서 '하지 않는 편이 훨씬 인생을 즐겁게 살 수 있지 않을까?'라고 생각하는 것이 있습니다. 바로 트위터와 페이스북 같은 SNS(소셜 네트워크 서비스)입니다. 아울러 컴퓨터와 휴대전화, 텔레비전에 소비하는 시간도 완전히 없애기는 무리겠지만 절반 이하로 줄여 보면 그 시간을 얼마나 유용하게 활용할 수 있을까 하고 생각합니다. 또 블로그도 명확한 목적이 있다면 괜찮을지 모르지만 블로그 갱신이나 블로그에 올릴 소재 찾기에 시간을 빼앗기는 사람을 보면 '저 사람은 블로그를 하기 위해 사는 것일까?'라고 고개를 갸웃하게 됩니다.

SNS에 참가하는 목적이 타인과 연결되는 것임은 잘 압니다. 타인과 관계를 맺고 서로에게 자극을 주는 것은 인간적으로 성장하는 데 틀림없이 커다란 역할을 합니다. 또 친구와 맺는 깊은 우정은 인생을 더없이 풍요롭게 만들어 줍니다. 하지만 지금 사람들이 인터넷상에서 메시지나 이메일의 교환을 통해 진정으로 서로를 인정하고 고양시키는 강한 유대를 형성하고 있다고 자신 있게 말할 수 있을까요? 제 눈에는 많은 사람이 그저 '외로워서', '시대에 뒤처지고 싶지 않아서' 같은 이유로 모여드는 것처럼 보입니다.

SNS 외에도 '다들 하니까.', '일단 시작했으니까.'라는 이유로 그만두지 못하고 계속하는 것이 있지 않습니까? 만약 진정으로 바뀌고 싶다면 한 가지라도 좋으니 당장 오늘부터 그만둬 보기 바랍니다. 과감하게 '분류'를 실행해 보면 매일 새로운 바람이 불어올 것입니다.

한 가지 일을 끝낸 다음에
다음으로 넘어간다

    시간을 활용하는 이상적인 방법은 무엇일까요? 수많은 명언을 남긴 것으로 유명한 당나라의 조주 선사는 제자의 질문에 이런 대답을 한 적이 있습니다. "너는 12시에 사용되지만, 노승은 12시를 사용하느니라."

    12시는 현대의 24시간을 가리킵니다. 이 대답은 "너는 시간에 사용되며 살고 있지만 나는 시간을 최대한 활용하며 살고 있다."는 의미입니다. 예를 들면 "아, 벌써 완료 예정 시간이군. 아직 토의 도중이지만 오늘은 여기까지."라는 것은 시간에 사용되는 상태이고, "예정 시간은 넘어갔지만 조금만 더 하면 결론이 나올 것 같으니 조금만 토의를 더 합시다."라는 것은 시간을 최대한으로 활용하는 상태입니다.

자신이 정한 일정에 따라 오차 없이 행동하면 시간을 효과적으로 활용하는 듯이 보일지 모릅니다. 그런데 장기적인 시야로 보면 의외로 그렇지가 않습니다. 앞의 예의 경우, 전자는 결론을 내기 위해 다시 회의를 열어야 합니다. 그러면 앞에 했던 회의 내용을 확인하고 나서 회의를 시작해야 하므로 결국은 시간과 수고 모두 후자의 두 배 이상 들어갈 것입니다. 그러므로 10분이나 20분 정도라면 다른 부서와 시간을 조정해 자신이 해야 할 일이나 현안 업무를 끝까지 처리하는 편이 당연히 좋습니다. 자신이 정한 일정을 지키지 못하면 '예정이 꼬였어.'라며 갑자기 기분이 나빠지거나 초조함에 안절부절못하는 사람이 있는데, 이것은 시간에 사용되고 있는 상태입니다. 스스로 결정한 일을 가지고 초조해하거나 기분이 상한 것이니, 말하자면 자신의 목을 스스로 조른 셈입니다.

일단 눈앞의 일에 몰두해 해야 할 일을 하나하나 완료해 나가면 망중한이 기다리고 있습니다. 바쁜 와중에도 갑자기 빈 시간이 만들어집니다. 어떤 일을 이뤄 낸 사람은 모두 일상 속에 이런 '빈틈'을 가지고 있습니다. '성공자'라고 불리는 사람은 그렇게 해서 자신을 발견할 시간을 만듭니다.

시간은 자신이 주체가 되어 '사용하는' 것입니다. 시간에 '사용되어'서는 절대 안 됩니다.

"바쁘다", "피곤해"라고
말하지 않는다

"고마워.", "수고했어.", "조심해." 이런 짧지만 진심을 담은 말은 상대에게 기운을 내게 하고 기분을 밝게 만들어 줍니다. 여러분도 '타인에게 상냥하게 말하자.'고 항상 명심할 것입니다. 그런데 정작 가장 소중한 존재인 자신에게 하는 말에는 의외로 둔감하지 않나 싶습니다. 여러분은 평소에 별 생각 없이 중얼거리는 말, 마음속으로 하는 말에 자신을 격려하기 위한 상냥함과 애정을 담고 있습니까? "아, 바쁘다.", "피곤해.", "나 같은 건……." 이런 부정적인 말을 마음속에서 반복하고 있지는 않습니까?

우리는 누구나 말에 커다란 힘이 있음을 감각적으로 이해하고 있습니다. 그 증거로 수험생 앞에서는 "떨어진다.", "미끄러진다." 같은 말을 쓰지 않습니다. 이것은 우리 선조가 '말에 담겨 있는 영험한 힘'을 피부로 느꼈기 때문일 것입니다. 또 꽃이나 관상용 식물에게 "힘 내.", "예쁜 꽃을 피웠구나."라고 말을 걸어 주면 건강하게 자란다는 이야기도 있습니다.

여러분의 말을 가장 가까운 곳에서 듣고 있는 사람은 그 누구도 아닌 여러분 자신입니다. 하루 종일 부정적인 말을 반복해서 듣는다면 마음은 기운을 잃을 것입니다. 그리고 이것이 점차 행동까지 영향을 줘서 점점 여러분을 피곤하게 만들지도 모릅니다. 앞으로는 "바쁘다.", "피곤해."라고 말하고 싶어질 때 다른 말로 바꿔 보시기 바랍니다. "시간을 충실하게 쓰고 있어.", "애썼네." 같은 말은 어떨까요?

또 그런 말이 자기도 모르게 튀어나온다면 그것은 무엇인가를 바꾸라는 신호라고 생각하는 것도 하나의 방법입니다. 당장 커다란 변화를 주기는 어려울지도 모르지만, 이 책에서 소개한 것 가운데 가능할 것 같은 것부터 조금씩 실천해 보시기 바랍니다.

불교에는 '애어시愛語施'라는 '보시'의 형태가 있습니다. 애어愛語, 즉 배려를 담은 말을 상대에게 해 주는 것입니다. 여러분의 애어시가 가장 필요한 사람은 바로 여러분 자신인지도 모릅니다.

역의 개찰구를 나왔으면
생각하기를 멈춘다

여러분은 왜 절에 긴 참배길이 있는지 아십니까? 산문(절의 문)에서 본당까지가 참배길인데, 산문은 속세에서 성역으로 전환되는 '결계'입니다. 그런데 이 결계를 지나는 즉시 사람의 마음가짐도 전환된다면 좋겠지만 실제로는 그렇지 않습니다. 그래서 일정한 거리를 걸으면서 서서히 마음을 가라앉혀 온화한 마음으로 부처님 앞에 설 수 있도록, 참배길이 참배자의 마음을 '속(俗)'에서 '성(聖)'으로 전환하는 역할을 하는 것입니다.

거리와 시간을 효율적으로 활용해 마음을 자연스럽게 바로잡는 선인의 훌륭한 지혜에 감탄을 금할 수 없습니다. 이 지혜를 매일의 생활에 활용해 보면 어떨까요? 스스로 결계와 참배길을 만들어 업무와 인간관계에 휘둘리는 '속(업무) 모드'에서 조용한 마음으로 자신을 바라보는 '성(휴식) 모드'로 전환하는 것입니다. 물론 실제로 산문이나 참배길을 만들 필요는 없습니다. 머릿속으로 '여기가 결계', '여기부터는 참배길'이라고 정하기만 해도 충분합니다. 불교에서는 결계 속의 성스러운 장소를 '정역淨域'이라고 합니다. 결계를 지나 정역으로 들어가면 그 정역에 어울리는 자신이 되십시오.

　대중교통을 이용한다면 집에서 가장 가까운 역이나 버스 정류장, 자동차로 출퇴근한다면 직장의 주차장을 결계로 삼으면 될 것입니다. 결계를 지나면 업무에 관해서는 깔끔하게 잊는다는 규칙을 정하기 바랍니다. 그리고 참배길에 해당하는 귀갓길을 걷기 전에 미리 이런 규칙을 정해 놓으면 어떨까요? 길모퉁이를 하나 돌 때마다 남성은 넥타이를 풀거나 재킷의 단추를 풉니다. 여성은 액세서리를 떼거나 스카프를 풉니다. 이렇게 하면 기분이 전환될지도 모릅니다. 무거운 갑옷을 하나하나 벗어던지듯이 참배길을 걸으면서 그날의 긴장과 스트레스를 조금씩 털어 내십시오. 이렇게 해서 현관문을 열 때쯤에는 '본래의 자신'으로 돌아갑니다. 이 규칙을 실천하면 전보다 훨씬 즐겁게 기분을 전환할 수 있게 될 것입니다.

화내지 않기 위한
'생활 습관' 16

신발을 가지런히 놓는다

신발은 여러분을 미래로 데려다 줍니다. 하루 종일 여러분의 발을 보호하고 어딜 가든 여러분과 함께 합니다. 생각해 보면 우리는 이렇게 매일 함께 하는 동료라고도 할 수 있는 신발을 상당히 소홀히 다루고 있는 듯합니다.

여러분은 신발을 벗은 뒤에 매번 가지런히 모아 놓으십니까? 이웃집을 찾아갔을 때 현관에 신발이 가지런히 정돈되어 있으면 그것만으로도 좋은 인상을 받기 마련입니다. 한편 벗어 놓은 상태로 신발이 난잡하게 흩어져 있는 현관을 보면 '허허, 이 집 가족은 어지간히 바쁜 모양이군.'이라는 생각이 들며 조금 걱정이 됩니다. 신발을 대하는 태도 하나만 봐도 마음이 정돈되어 있는지 아닌지 그대로 드러나는 것입니다.

선에서는 이것을 '조고각하照顧脚下'라는 말로 설명합니다. '자신의 발밑을 유심히 되돌아봐라.'라는 의미인데, 문자 그대로 '신발을 가지런히 놓읍시다.'라는 메시지를 담아 절의 현관에 걸어 놓는 경우가 많습니다.

신발을 가지런히 놓는 데는 아주 잠깐의 시간만 있으면 됩니다. 어렵지도 않습니다. 그런데도 자신이 벗은 신발을 정돈하지 못하는 사람은 '그런 작은 일은 아무래도 상관없잖아?'라고 생각하는지도 모릅니다. 혹은 머릿속이 바빠서 자신이 신발을 가지런히 정돈하지 않았다는 사실조차 깨닫지 못하는지도 모르겠습니다. 그만큼 마음이 어지러운 상태라는 뜻입니다.

작은 일을 제대로 하지 못하는 사람이 큰 목표를 달성할 수 있을 리가 없습니다. 지금은 먼 곳에 가고 싶을 때 편리한 교통수단이 많이 있습니다. 하지만 어떤 교통수단을 이용하든 결국은 한 걸음 한 걸음 자신의 발로 걸으며 몸을 움직여야 합니다. 한 발 한 발을 착실히 내딛는 사람만이 목적지에 다다를 수 있습니다.

'신발을 가지런히 놓는다.' 이것은 몇 초 걸리지도 않는 사소한 일이지만 삶의 자세 전체를 바꾸는 커다란 힘을 지니고 있습니다.

화내지 않기 위한
'생활 습관' 17

달을 올려다본다

선의 세계에서 달은 '진리'를 나타냅니다. 달에 관한 선어도 많아서, 밤하늘에 떠 있는 달의 모습을 인생의 본질에 비유한 여러 명언이 남아 있습니다. 그중 두 가지만 소개하겠습니다.

"수급불류월水急不流月", 이것은 '물의 흐름이 아무리 거세도 수면에 비친 달까지 흘려보내지는 못한다.'라는 의미입니다. 여기에서 물은 마음을 어지럽히는 세상사, 달은 자신의 마음을 가리킵니다. 주위에서 일어나는 일이나 사람의 언동이 마음을 어지럽혀도 본래의 자신을 움직이지는 못함을 가르쳐 주는 말입니다.

"풍취부동천변월風吹不動天邊月", 이 또한 어떤 일이 있어도 미동조차 하지 않는 달의 고고한 모습에 빗대어 인간의 바람직한 모습을 이야기한 말입니다. 구름을 움직일 만큼 강한 바람이 불어도 달(진리)은 꼼짝도 하지 않은 채 밝게 빛나는데, 우리도 그렇게 살 수 있다는 것입니다.

옛날 사람들은 달이 차고 기우는 것을 기준으로 월일을 세고 음력에 따라 생활해 왔습니다. 음력에서는 매월 1일을 신월新月, 15일을 만월滿月로 정했고, 또 월령에 따라 달을 다른 명칭으로 불러 왔습니다. 이렇듯 우리의 선조는 오랫동안 밤마다 뜨는 달을 사랑하며 달과 함께 생활해 왔습니다. 지금은 밤에도 눈이 부실 만큼 밝아서 달의 존재감이 전보다 약해졌는지 모릅니다. 하지만 서둘러 집으로 돌아가다 문득 고개를 들었을 때 밤하늘에 달이 두둥실 떠 있으면 누구나 마음이 치유될 것입니다. 또 은색의 보름달이 밤하늘을 아름답게 비추고 있는 모습을 발견하고 시간 가는 것도 잊은 채 멍하니 바라본 경험이 있지는 않습니까?

업무나 잡일로 정신없이 바쁠 때, 인간관계에 지쳤을 때, 잠시 시간을 내서 달을 올려다보시기 바랍니다. 달은 지상에서 온갖 번뇌에 시달리는 우리를 누구 한 명 차별하지 않고 아름답게 비춰 주고 있을 것입니다. 진리도 마찬가지입니다. 언제든 누구든 차별하지 않고 우리를 이끌어 줍니다. 달의 모습이 가르쳐 주는 인생의 진리를 가슴에 품고 내일도 담담하게 걸어가십시오.

화내지 않기 위한 '생활 습관' 18

손을 모아 감사한다

"마음의 안정을 유지하려면 어떻게 해야 하나요?" 이런 질문을 받으면 저는 "손을 모으는 습관을 들이십시오."라고 대답합니다. 한번 시험 삼아 해 보시기 바랍니다. 가슴 앞에서 오른손과 왼손을 모아 합장을 합니다. 이렇게만 해도 마음이 가라앉을 것입니다.

우리는 어렸을 때부터 법당이나 묘지를 참배할 때 어깨너머로 본 것을 흉내 내어 합장을 해 왔습니다. 또 떠오르는 아침 해를 보며 합장하는 것도 선조로부터 이어져 내려온 오랜 관습입니다. 해님의 은혜를 몸으로 느꼈던 선조들은 고마운 마음에서 자연스럽게 손을 모았을 것입니다. 그런데 이렇게 너무나도 익숙한 손을 모으는 행위에는 사실 깊은 의미가 있습니다. 오른손은 부처님이나 자신 이외의 사람을, 왼손은 자신을 나타냅니다. 즉 합장은 양자를 하

나로 합친다는 의미입니다. 부처님에게 합장을 할 때는 존귀한 존재와 자신이 하나가 되도록, 묘지에서는 선조와 가까워지도록……. 이렇게 해서 우리는 감사와 기도를 보내 온 것입니다.

이 아름다운 습관을 재조명해 보면 어떨까요? 아침에는 "오늘 하루도 활기차게 보낼 수 있기를."이라는 기도를 담아, 밤에 잠들기 전에는 하루를 무사히 보낸 데 감사하며, 그리고 식사 전후에는 "잘 먹겠습니다.", "잘 먹었습니다."라는 말과 함께 우리에게 자신의 생명을 준 식재료와 음식을 만들어 준 사람에 대한 감사를 담아 부끄러워하지 말고 자연스러운 마음으로 손을 모아 보시기 바랍니다. 어수선하던 마음이 안정되며 차분해지는 것을 느낄 수 있을 것입니다.

집에 불단이 있다면 그 앞에 앉아서 선조에게 향을 올린 다음 합장을 하시기 바랍니다. 집에 불단이 없다면 그 자리에서 마음을 담아 손을 모으는 것으로도 충분합니다. 하지만 집에 마음의 안식처가 될 장소가 있다면 그보다 더 마음이 든든할 수는 없습니다. 돌아가신 육친의 사진을 거는 정도로도 충분합니다. 아침저녁으로 손을 모으며 감사할 수 있는 장소가 있으면 틀림없이 여러분의 마음을 차분하게 안정시켜 줄 것입니다.

화가 날 때는 어떻게 하나요?
분노를 없애기 위한 선의 가르침

자신을 향한 분노

가족, 주위를 향한 분노

직장에서의 분노

분노를 없애기 위한 선의 가르침
자신을 향한 분노

어째서인지 항상 짜증이 난다

"요즘 들어서 짜증 나는 일뿐이야.", "그 인간 정말 짜증 나." 우리는 일상 대화 속에서 이런 말을 자주 내뱉습니다. 아무리 잔소리를 해도 쓰고 난 물건을 정리하지 않는 아이들, 고지식한 상사, 매너를 지키지 않는 승객, 어질러진 방, 그리고 아무리 힘을 줘도 열리지 않는 병뚜껑까지, 짜증의 원인은 도처에 널려 있습니다. 이런 세상이니 하루에 한 번도 짜증을 내지 않는 사람은 아마 거의 없지 않을까 싶습니다.

이런 짜증들을 다른 말로 표현하면 어떻게 될까요? 신경이 거슬려 불쾌한 느낌, 분노가 폭발하기 일보 직전에 억누르고 있는 상태, 유쾌하지 못한 상황 속에 있어서 스트레스나 긴장감을 피할 수 없는 상태, 이렇게 표현할 수 있지 않을까요? 하나같이 일촉즉발의 상태입니다. 어떤 작은 계기로 인내심에 한계가 오면 '폭발'해 버리겠지요.

하지만 개중에는 같은 상황에서 전혀 짜증을 내지 않고 항상 유쾌한 사람도 있습니다. 양자의 차이는 어디에 있을까요? 기본적으로 쾌활한 사람은 스트레스를 효과적으로 해소해 항상 좋은 정신 상태를 유지할 것입니다. 자신의 목표가 명확하고 매일 자신이 해야 할 일에 몰두하는 사람이나 취미 또는 레저 등으로 충실한 사생활을 보내는 사람은 스트레스에 휘둘리지 않고 인생을 즐기며 사는 듯합니다. 하지만 술이나 단 음식 같은 기호품 또는 쇼핑 등으로 스트레스를 푸는 것은 근본적인 해결책이 되지 못합니다. 물론 가족이나 약자에게 화풀이를 하는 것은 논할 가치조차 없습니다. 요컨대 효과적으로 기분 전환을 할 수 있느냐가 하나의 포인트일 것입니다.

그리고 짜증을 잘 내는 사람과 항상 마음이 온화한 사람의 차이점이 또 하나 있습니다. 짜증을 내는 사람의 마음속을 들여다보면 그곳에 '이래야 해.', '내가 옳아.', '이렇게 해야 해.' 같은 고집과 집착이 있음을 느낍니다. 그래서 무슨 일이든 옳고 그름을 가리지 않고는 직성이 풀리지 않고, 자신의 생각대로 되지 않으면 짜증과 불쾌감을 느낍니다. 한편 항상 유쾌한 사람의 마음속에는 '그 사람은 그 사람이고 나는 나야.', '그럴 수도 있지.', '적당한 정도면 충분해.' 같은 마음이 있지 않을까요? 그렇기에 어떤 일이 있어도 페이스가 무너지지 않고 차분할 수 있는 것입니다. 마음속에 있는 고집과 집착을 얼마나 내려놓을 수 있는가, 이것이 항상 유쾌한 모습으로 있기 위한 중요한 포인트일 듯합니다.

짜증이 날 것 같으면 '방하착放下着'이라는 선어를 떠올려 보십시오. '아주 잠시라도 좋으니 모든 것을 버리시오.'라는 의미입니다. 모든 것을 버렸을 때 깨달음이 찾아옵니다. 인간으로서 이 세상을 사는 이상 고집이나 집착을 완전히 없애기는 불가능합니다. 하지만 조금씩 줄여 나갈 수는 있습니다. 고집과 집착을 줄인 만큼 즐거운 인생이 기다린다고 생각하시기 바랍니다.

'이래야 한다.'라는 집착을 버린다.

행복해 보이는 사람에게 질투가 난다

타인이 부러워서 견딜 수가 없을 때 우리는 반드시 '그에 비해 나는…….'이라는 생각에 사로잡힙니다. 타인과 자신을 비교하며 현재의 자신을 비하합니다.

시샘이나 질투심을 낳는 원인은 '비교'입니다. "그걸 누가 모른다고 그래?"라는 목소리가 여기까지 들리는 것 같은데, 비교하는 행위가 얼마나 우리의 마음을 좀먹고 상처를 주고 있는지 충분히 인식할 필요가 있습니다.

선에서도 타인과 비교하는 행위를 '막망상莫妄想'이라는 말로 경계합니다. 이 "망상하지 말거라!"라는 강력한 한마디를 남긴 사람은 당나라의 무업 선사입니다. 무업 선사는 누가 무슨 질문을 하든 항상 짧막하게 "막망상"이라고만 대답했다고 합니다. 질문을 한 사람은 아마도 이 대답에 일순간 어리둥절했겠지만, 곧 그 의미를 깨닫고 가슴이 뜨끔하지 않았을까요? 이 한마디에는 단순히 "망상하지 마라."라는 메시지만 있는 것이 아니라 더 깊은 의미가 있습니다.

일반적으로는 아무리 생각한들 부질없는 일을 계속 생각하는 것을 '망상'이라고 합니다. 하지만 여기에서는 이분법적인 사고방식에 사로잡히지 말라는 의미로 사용되었습니다. '좋다 · 나쁘다', '성공 · 실패'와 같이 사물을 두 가지로 나눠 놓고 이리저리 고민하지 말라는 의미입니다.

좋은가, 나쁜가. 선인가, 악인가. 행복인가, 불행인가. 인간은 자기도 모르게 만사를 둘로 나누고 대립적으로 바라봅니다. 어느 한쪽을 선택하려고 하거나 어느 쪽이 좋은지 판단하려 합니다. 하지만 그래서는 평생이 가도 욕망과 집착에 사로잡힌 상태에서 빠져나올 수 없습니다. 무업 대사는 그 이분법적 사고방식으로부터 자유로워지라고 충고한 것입니다.

'이웃이 새 차를 샀으니까 나는 더 좋은 차를 사야 해.' '저 사람은 또 해외여행을 갔네. 즐겁겠다. 부러워.' '실력은 내가 더 위인데 왜 저 녀석이 먼저 출세한 거지?' 이렇게 **자신과 타인을 비교하는 한 마음에 평안은 찾아오지 않습니다.**

'저 사람은 행복해 보여.'라는 생각이 자기도 모르게 드는 것은 이해합니다. 하지만 '행복'은 타인이 판단하는 것이 아니라 자기 스스로 결정하는 것입니다. 과연 돈이 많으면, 해외여행을 자주 다니면, 새로운 물건을 살 수 있으면 '행복'할까요? 주위에서 봤을 때 아무리 성공한 것 같고 아무리 행복해 보여도 그 사람의 인생이 행복한지는 그 사람 자신밖에 모릅니다. 여러분이 스스로 A라는 길을 선택했다면 그것이 절대적입니다. 여러분이 부러워하는 사람이 걸은 B라는 길도 역시 절대적입니다. 양쪽 모두 '절대적'입니다. 그러니 가슴을 펴고 당당하게 자신이 선택한 길을 걸으십시오.

비교하니까 괴로운 것입니다. 비교하니까 고민하는 것입니다. 비교하니까 질투와 시샘이 마음을 어지럽히는 것입니다. 자신과 타인을 비교할 시간도 없을 만큼 지금 자신이 해야 할 일에 집중하십시오. 그저 지금 이 순간을 열심히 살면 곧 여러분만의 행복이 보일 것입니다.

망상에 빠지지 말고 자신이 해야 할 일에 집중한다.

사소한 일을 가지고
사람이나 물건에 화를 낸다

마치 자신의 힘을 과시하듯이 점원에게 거친 말투로 항의하는 사람, 역의 플랫폼에서 어깨가 부딪쳤다는 이유로 말싸움을 하는 사람, 평소에는 기분이 좋지만 조금이라도 자신의 생각대로 되지 않는 일이 있으면 사람이 변한 듯이 격분하는 사람…….

이런 '분노의 끓는점이 낮은 사람'을 가끔 볼 수 있습니다. 걸핏하면 화를 내는 이유는 감정을 가슴에 담아 두지 못하고 금방 머리로 피가 솟구치기 때문입니다. 끓어오르는 감정을 스스로 억제하지 못하기 때문에 가까운 사람이나 물건에 분노를 쏟아 내는 것이겠지요.

하지만 타인에게 분노를 터뜨렸다고 해서 가슴이 후련해지는가 하면 전혀 그렇지가 않습니다. 자신도 화를 내고 싶어서 화를 낸 것이 아니므로 감정을 조절하지 못했다는 데 화가 날 것입니다. 그래서 항상 기분이 개운하지 않으며, 자기 자신이 화를 잘 내는 성격의 가장 큰 피해자가 됩니다.

막부 말기에 일본을 찾아온 외국인들은 일본인이 별 것 아닌 일에도 금방 웃고 항상 쾌활한 데 놀랐다고 합니다. 하지만 지금의 일본인은 당시의 일본인과 상당히 달라진 듯합니다. 도대체 무엇이 가장 달라졌을까요? 저는 몸을 움직이지 않게 된 점이 아닐까 생각합니다. 몸을 움직여서 에너지를 발산하면 기분 좋은 피로감에 싸이고 머릿속도 자연스럽게 개운해집니다. 예를 들어 스포츠나 대청소 등으로 몸을 최대한 움직이면 몸 자체는 쓰러질 듯이 피곤해도 기분은 상쾌해집니다. 하지만 하루 종일 컴퓨터 앞에 앉아 작업을 한 날은 육체적으로는 전혀 피곤하지 않은데도 왠지 정신적인 피로를 느낄 때가 있습니다. 머리만 사용하는 생활이 계속되면서 머리는 스트레스로 터질 것 같은데 몸은 에너지가 남아도는 상태이지요. 사소한 일에 폭발할 때는 바로 이런 상태가 아닐까요? 그래서 작은 계기를 통해 그 에너지가 부정적인 방향으로 폭발하는 것입니다.

자신의 스트레스나 에너지를 쌓아 두지 말고 발산하는 방법을 알고 있으면 사람이나 물건을 분노의 배출구로 삼지 않아도 됩니다. 항상 쾌활했던 옛사람들처럼 몸을 움직여 보면 어떨까요? 아침 일찍 일어나서 워킹이나 러닝, 요가 등을 해도 좋고, 휴일에 근교의 산이나 바다로 떠나 보는 것도 좋겠지요. 굳이 외출을 하지 않더라도 걸레질이나 창문 닦기 등을 하면 집안이 반짝반짝해지니 그야말로 일석이조입니다. 또 악기나 요리 등 지금까지 하고 싶었던 것을 배우는 방법도 추천합니다.

머리와 몸은 사람이라는 수레의 두 바퀴입니다. 어느 한쪽이 작거나 부서지면 똑바로 가지 못하고 이 방향으로 갔다 저 방향으로 갔다 할 것입니다. 하지만 머리와 몸을 균형 있게 사용하면 두 바퀴가 효율적으로 돌아가기 시작합니다. 그렇게 될 때 비로소 사람이라는 수레의 능력이 최대한으로 발휘됩니다.

다만 의무감에서 몸을 움직이면 새로운 스트레스를 낳을 뿐이니 주의하시기 바랍니다. 했을 때 즐거운 일, 기분 좋게 땀을 흘릴 수 있는 일을 찾아내는 것이 포인트입니다. 자, 그런 일을 지금부터 찾아보십시오. 틀림없이 가까운 곳에서 발견할 수 있을 것입니다.

에너지를 쏟을 일을 발견해 몸을 움직인다.

자신을 향한 분노 Q4

몇 년이나 지난 일이
머릿속에서 떠나지 않고,
떠오를 때마다 울화가 치민다

'잊자. 잊어버리자.'라고 생각해도 머리에서 떠나지 않는 불쾌한 기억이 있습니다. 평생 빠지지 않는 말뚝처럼 뇌를 괴롭히는 골치 아픈 존재이지요. 하지만 계속 지나간 과거를 떠올리며 '그 사람은 왜 그때 그런 태도를 보였을까?', '시간을 되돌려서 상대방에게 반격하고 싶어.' 같은 생각을 한다면 그것은 물론 시간 낭비일 뿐입니다. 아무리 생각한들 지나가 버린 일은 바꿀 도리가 없습니다. 그러므로 과거의 일은 버리는 것이 최선입니다. 시간을 사람에 비유한다면 과거는 이미 죽은 사람입니다. 아무리 울고불고 해도 죽은 사람을 되살릴 수는 없습니다. 다만 여러분이 이 사실을 모르는 바는 아닌데, 알면서도 버리지 못하니까 고민하는 것이겠지요.

선에서는 우리가 항상 삼세三世 속에 살고 있다고 생각합니다. 삼세란 과거, 현재, 미래를 가리킵니다. 일반적으로 우리는 지나가 버린 시간을 '과거'라고 부르고, 앞으로 찾아올 시간을 '미래'라고 부릅니다. 하지만 한순간이라도 전은 이미 과거이고 한순간이라도 앞은 아직 미래입니다. 과거는 죽고, 미래는 앞으로 태어날 것입니다. 살고 있는 시간은 바로 '지금'뿐입니다. 태어나서 살고 죽는 시간이 매 순간 이어집니다. 한순간의 생사가 반복됩니다. 이것이 인간의 일생입니다. 요컨대 우리가 살고 있는 현재는 지극히 일순간이며, 그 일순간이 반복되며 연결되는 것이 삶이라는 생각입니다. 바꿔 말하면 과거에 집착해도 의미가 없으며, 미래에 기대하거나 반대로 미래를 걱정한들 소용이 없습니다. 우리는 지금이라는 이 순간 속에서만 살 수 있습니다. 이것이 선의 가르침입니다.

이것은 어떤 의미에서 매우 냉혹한 생각처럼 보이기도 합니다. 하지만 다른 시각으로 보면 **사람은 과거와 미래로부터 자유롭게 현재를 살 수 있다**는 뜻입니다. 이렇게 생각하면 마음이 열리는 것 같지 않습니까?

어느 유명한 선승은 매일 밤 자신의 장례식을 치르고 잤다고 합니다. 오늘이라는 날은 끝났다, 지나간 일은 이미 돌이킬 수 없으니까 이것으로 끝내자, 할 만큼 했으니까 더는 집착하지 말고 생각하지도 말자, 이런 결의의 표현이지요. 여러분은 오늘이라는 날을 최대한 충실하게 살았다고 말할 수 있을 만큼 매일 집중해서 살고 있습니까? 오늘밤에 자신의 장례식을 치러도 후회가 남지 않을 만큼 완전 연소하며 살고 있습니까?

우리의 힘이 미치는 범위는 지금이라는 이 순간뿐입니다. 그만큼 귀중한 순간에 자신의 힘으로는 어찌할 수 없는 과거에 사로잡히는 것은 너무나 아까운 일입니다. 여러분이 지금 해야 할 일에 집중한다면 그 '지금'이 만드는 미래는 자연스럽게 만족스러워질 것입니다. 그것이 좋은 인연을 이어 나간다는 것입니다.

온 힘을 다해 현재를 살면서 "멋진 인생이었어."라고 말할 수 있는 인생을 만들기 바랍니다.

지금이라는 이 순간을 최대한 충실하게 산다.

실패에서 다시 일어서지 못하고 자신에 대한 분노가 가라앉지 않는다

아무리 후회해도 모자랄 만큼 큰 실패를 했다면 자신을 책망하기도 하고 분해서 잠을 이루지 못하기도 할 것입니다. '왜 그런 꼴사나운 짓을 했을까?' '돌이킬 수 없는 실수를 저지르고 말았어.' 이런 생각으로 머리가 가득 차고 자신에게 너무 화가 난 나머지 눈물을 흘릴지도 모릅니다.

하지만 자신에게 화를 내는 것만큼 자신에게 상처 주는 일은 없음을 깨달아야 합니다. 사실 걱정할 필요는 하나도 없습니다. 과거에 실패 한 번 하지 않은 사람은 한 명도 없습니다. 또 누구나 지우고 싶은 과거 한두 가지 정도는 가지고 있습니다. 눈앞이 캄캄해질 만큼 큰 실패를 했더라도 살아만 있으면 언젠가는 반드시 어떤 형태로든 만회할 수 있습니다.

"그 실패가 있었기에 지금의 제가 있는 것입니다." 큰일을 이룬 사람은 자신의 인생을 되돌아보면서 종종 이런 말을 합니다. 여러분도 그런 생각을 할 수 있는 삶을 선택하시기 바랍니다. 실패가 클수록 그 실패에서 얻을 수 있는 배움도 큽니다. 큰 실패는 무엇을 바꿔야 성공으로 이어지느냐 하는 매우 커다란 경험을 쌓게 해 주지요.

다만 분노나 자책으로 괴로워할 때 여기에서 빠져나오려고 억지로 발버둥 치는 것이 오히려 역효과일 수 있습니다. '이래서는 안 돼.'라며 초조해할수록 생각이 헛돌고 일이 제대로 진행되지 않아 전부 다 내팽개치고 싶어질지 모릅니다. 그럴 때는 크게 심호흡을 하고 다음 말을 떠올리십시오. "일지불퇴—志不退." 도겐 선사가 쓴 『정법안장』에 나오는 말입니다. 도겐 선사는 일단 뜻을 세웠으면 결코 물러서지 말고 계속 나아가야 한다, 뜻과 함께 걸으면 길은 반드시 열린다고 설파했습니다.

가능하다면 시간을 되돌려서 다시 하고 싶다, 이런 심정은 충분히 이해합니다. 하지만 과거는 바꿀 방법이 없습니다. 그러니 먼저 현재를 받아들이십시오. 지금 당장은 걷지 못하더라도 뜻과 희망만 잃지 않는다면 조만간 다시 일어나 한 발 앞으로 나아가자는 결심이 생길 날이 찾아올 것입니다. 그리고 그렇게 전진하기로 결심한 순간, 과거의 실패가 귀중한 교훈이 될 것입니다. 또 그때 맛본 좌절이 인간적인 깊이와 상냥한 마음이 되어 여러분의 매력을 높여 줄 것입니다.

　만약 자신에게 실망하고 한심함을 느꼈다면 목이 터져라 울어 보는 것도 좋지 않을까요? 눈물로 마음을 씻으면 후회와 분한 심정으로 흐려진 안경도 깨끗하게 닦아 낼 수 있을지 모릅니다.

　마이너스는 반드시 플러스로 전환됩니다. 하지만 그러려면 마이너스를 자신에게 준 시련으로 받아들이고 플러스로 바꾸려는 노력이 필요합니다. 실패는 '성장 기회'이기도 합니다. 실패를 실패인 채로 끝내지 않기 위해 노력과 궁리를 계속하면 반드시 좋은 결과로 되돌아올 것입니다. 미래를 바꾸기 위해 가슴에 뜻을 품고 열심히 전진하시기 바랍니다.

> "실패가 있었기에 지금이 있다."라고
> 말할 수 있는 삶을 선택한다.

되받아쳤는데도 마음이 개운하기는커녕 원한이 더욱 커졌다

'나를 공격하면 반격한다.', '나한테 뭐라고 하면 되받아친다.' 이렇게 '눈에는 눈, 이에는 이'라는 생각으로 싸우면 마음이 개운해지기는커녕 원한이 점점 증폭되기만 합니다. 그리고 결국은 자신이 해야 할 일도 소홀히 한 채 온종일 '어떻게 상대를 굴복시키지?'라는 생각에만 골몰하기 일쑤입니다. 이것은 정말 안타까운 일입니다. 그런 일에 낭비할 시간이 있다면 지금 여러분의 눈앞에 있는 일을 빨리 끝내시기 바랍니다.

"무상신속無常迅速 신물방일愼勿放逸" 시간은 순식간에 지나가니 몸과 마음을 바로잡으며 한순간도 낭비하지 말고 소중히 보내라는 의미입니다. 작은 자존심에 사로잡혀 상대에게 어떻게 되갚아 줄지를 생각하는 사람이 빛나는 인생을 살 수 있겠습니까? 계속 과거에 얽매여 사는 사람이 미래에 어떤 일을 이루어 낼 수 있겠습니까? 인생을 끝낼 무렵에 한때의 감정에 휩쓸려 시간을 낭비했음을 깨달아도 돌이킬 수는 없습니다. 지나가 버린 과거에 발목을 잡혀 머릿속에서 줄곧 과거의 일을 생각한다면 아무리 시간이 지나도 '지금'을 살 수 없습니다.

'상대가 잘못했으니까 내가 이겨서 되갚아 줘야지.', '내가 상처를 입었으니 복수하겠어.' 만약 이런 생각을 하고 있다면 머릿속의 그런 생각에 사로잡혀 같은 곳을 빙글빙글 맴돌고 있을 뿐임을 깨닫기 바랍니다. 동물을 보십시오. 그들은 눈앞에 맛있어 보이는 먹이가 많이 있어도 배가 부르면 먹기를 그만둡니다. 하지만 사람은 "으으, 배가 가득 차서 괴로워. 하지만 맛있으니까 더 먹자."라면서 땡땡해진 배를 문지르며 계속 먹습니다. 머리의 판단에 지배당해 무엇이 자신에게 정말 필요한지 깨닫지 못하는 것입니다. 집착에서 벗어나 여러분의 길을 걸어가십시오. 남은 남이고 나는 나입니다. 누가 여러분을 공격하든 '나는 이 길을 가겠어.'라고 느긋하게 걸어가면 됩니다.

선의 영향을 받아 다도를 완성한 센노 리큐는 차의 정신을 '화경청적 和敬淸寂'이라는 말로 표현했습니다.

화和…사람이나 자연과 조화를 이루며 거스르지 않는다.

경敬…모든 것을 공경한다.

청淸…구름 한 점 없는 맑은 마음과 맑은 모습으로 있다.

적寂…번뇌에 사로잡히지 않은 조용하고 차분한 마음으로 있는다.

'사람이나 자연과 조화를 이루고 서로를 인정하고 존경하며 산다.' '잡념을 내려놓고 어떤 일에도 움직이지 않는 마음을 가진다.' 인간관계의 모범으로 삼고 싶은 말입니다.

자, 먼저 기분을 전환하십시오. 평소보다 조금 고급스러운 차를 정성껏 달여 마시며 이 말의 의미를 지긋이 음미해 보지 않겠습니까?

시간은 순식간에 지나감을 깨닫는다.

항상 '오늘은 절대 화내지 말아야지'라고 결심해 놓고는 나도 모르게 화를 내고 후회한다

'오늘부터는 반드시 달라지겠어!'라고 결심하고는 또다시 사소한 일로 상대를 히스테릭하게 몰아붙입니다. 그리고 자기도 모르게 점점 감정이 고조되더니 돌이킬 수 없는 한마디를 내뱉는 바람에 결국 상대와의 사이에 깊은 골이 생기고 맙니다. 게다가 '저 사람은 걸핏하면 화를 내.'라는 평판이 생겨 주위 사람들과도 점점 서먹서먹해집니다.

그때 가서 '아아, 나는 왜 항상 이럴까?'라고 후회해도 이미 때는 늦습니다. 자신이 입 밖으로 꺼낸 말은 스스로 책임을 져야 합니다. 현재의 상황을 받아들이고 다시 '화내지 않는 사람'이 되기 위해 처음부터 노력하는 수밖에 없습니다.

하지만 필요 이상으로 자신을 책망하거나 남과 비교하며 우울해하지는 마십시오. 자기 비하나 죄책감이 기분을 어둡게 해 악순환에 빠질 수 있답니다. 진정으로 변하고 싶다면 지금의 한심한 자신을 받아들이고 지금부터 행동을 바꿔 나가야 합니다. 아무리 머리로 '이렇게 하자, 저렇게 하자.'고 생각해도 실제 행동을 바꾸지 않는다면 '여러분이 원하는 자신'이 되지 못합니다. '나는 화내지 않는 사람이 되겠어.'라고 결심했다면 이 책에서 소개하는 방법들 가운데 한 가지라도 좋으니 꾸준히 실천하십시오.

화가 치밀 것 같으면 심호흡을 하고 마음속으로 "참자."라고 세 번 외치기.

일찍 일어나서 워킹을 하기.

평소부터 몸가짐을 아름답게 하려고 노력하기.

'이거라면 할 수 있을 것 같아.'라고 생각되는 것이 있으면 꾸준히 그리고 우직하게 계속해 보십시오. 처음에는 아무런 변화가 없을지 모르지만, 어느 날 갑자기 전기轉機가 찾아올 것입니다. 그전까지는 반사적으로 화를 내며 말이 험해지던 상황에서 전혀 마음이 동요하지 않는 놀라운 경험을 할 수 있을 것입니다. 그렇게 된다면 여러분의 목표는 이미 달성된 것이나 다름없습니다. 그 감각을 잊지 않고 더욱 다듬어 나가면 언제 어떤 상황에서도 평온함을 잃지 않을 수 있게 됩니다. 그리고 사소한 일에 집착해 일일이 눈초리를 치켜세우던 과거의 자신이 한심하

가족에게 스트레스를 풀어서 집안 분위기가 최악으로······

    직장이나 외출을 나간 곳에서 짜증 나는 일을 겪으면 집으로 돌아와서 아무 상관도 없는 사소한 일을 빌미로 가족에게 트집을 잡고 화를 냅니다. 마음에 불만이 쌓여서 집안이 쩌렁쩌렁 울릴 만큼 큰 소리로 방문을 여닫기도 하고 물건을 집어던지기도 합니다. 이런 모습에 걱정이 된 가족이 말이라도 걸면 "좀 내버려 둬!"라고 소리를 칩니다.
    이런 식으로 가족에게 화풀이를 하는 사람은 '가족이 아니면 화풀이도 못하는 사람'이 되어 버렸을 것입니다. 당사자야 그렇게 하면 조금이라도 스트레스가 풀릴지 모르지만, 갑자기 날벼락을 맞은 가족의 심정은 어떨까요?
    본래 가정은 있는 그대로의 자신이 되어 마음의 안식을 얻는 장소입니다. 또 가족은 사랑과 감사의 마음으로 서로를 지탱하며, 무엇이든 안심하고 이야기할 수 있는 존재이지요. 가정에서 스트레스를 발산하는 것은 좋습니다만, 그 결과 소중한 가족에게 상처를 주거나 슬픔에 빠뜨려서는 안 될 것입니다.

그런데 집에서 항상 저기압이고 신경질을 내는 사람을 보면 직장이나 동료들 사이에서는 '좋은 사람'으로 통하곤 합니다. 현관을 나서면 순수한 자신이 아니라 '좋은 사람'을 연기할 때가 많아서 바깥에서의 평가는 자연스럽게 높아지지요. "이것 좀 해 줘."라는 지시를 받으면 "네."라며 순순히 받아들이고, 화가 나는 일이 있어도 항상 웃음을 잃지 않습니다. 마음속으로는 '왜 나한테만 시키는 거야?'라든가 '정말 사람 짜증 나게 하네.'라고 생각하더라도 겉으로는 그런 감정을 전혀 드러내지 않고 싱글싱글 웃으니 당연히 좋은 사람이라는 평가를 받을 수밖에요.

하지만 그래서는 욕구 불만이 쌓이지 않을 수가 없습니다. 어쩌면 당사자는 '아주 조금만 참을 뿐이고, 덕분에 인간관계도 원만해지니 좋잖아?'라고 생각할지 모르지만, 그 '작은 인내'가 아주 요물 같은 놈이어서, 조금씩 쌓이다가 결국은 넘쳐흐르고 맙니다. 타인에게 좋은 인상을 주는 사람은 '나를 좋게 보이고 싶어.', '좋은 사람으로 평가받고 싶어.'라는 생각이 남들보다 훨씬 강합니다. 하지만 그 생각이야말로 자신을 속박하고 욕구 불만이 쌓이는 원인이 됩니다.

하고 싶은 말이 있을 때는 그 자리에서 확실히 하는 습관이라도 들이지 않으면 가정의 분위기는 점점 살벌해질 것입니다. "아니오."라고 말하고 싶을 때, 상대의 말에서 위화감을 느꼈을 때는 솔직하게 말씀해 보십시오. 결코 어려운 일이 아닙니다. 여러분의 생각을 있는 그대로 전하기만 하면 됩니다. "오늘은 몸이 별로 좋지 않아서 그런데 다음에 하면 안 될까요?" "다른 사람은 괜찮을지 몰라도 제게는 무리입니다." 그 자리에서 솔직하게 말하면 상대도 "어, 그래?", "알겠네."라고 받아들이기 마련입니다.

자신의 신념대로 살아가는 사람에게는 주위 사람들도 함부로 대하지 못하기 마련입니다. 그런데도 여전히 '이렇게 말하면 저 사람은 뭐라고 생각할까?', '거절하면 앙심을 품지 않을까?'라며 자신의 평가에 신경을 쓰시겠습니까? 그런 망설임이 가족의 얼굴에 그늘을 드리운다는 사실을 기억하십시오.

하고 싶은 말이 있으면 참지 말고 그 자리에서 한다.

항상 자녀에게 감정적으로 화를 낸다

자녀를 꾸짖는 것은 부모의 중요한 소임 중 하나입니다. 부모는 '어떻게 하면 자녀를 잘 꾸짖을 수 있을까?'를 진지하게 고민해야 하지요. 그 아이의 얼굴을 보면 집에서 부모가 자녀를 어떻게 꾸짖고 있는지 금방 알 수 있습니다. 항상 부모에게 호통을 들으며 자라는 아이는 겁먹은 눈빛으로 어른의 표정을 흘끔흘끔 살피기 마련이지요. 슈퍼마켓이나 역 등에서 우는 자녀의 손을 붙잡고 "어서 울음 뚝 그치지 못해?", "계속 울면 두고 간다!"라며 사납게 호통치는 부모의 모습을 볼 때가 있습니다. 물론 부모는 조금이라도 착한 아이가 되기를 바라는 마음에서 꾸짖겠지만, 제 눈에는 아이를 감정의 배출구로 삼는 것으로밖에 보이지 않습니다.

자녀를 꾸짖을 때 자신이 어떤 표정을 짓고 어떤 목소리를 내고 있는지, 혹시 미간을 찌푸리고 거친 말투로 몰아붙이고 있지는 않는지 신경을 쓰셨으면 합니다. **아이의 태도가 너무 짜증이 나서 화를 낼 것 같으면 잠시 그 자리에서 벗어나 심호흡을 해 보십시오. 그리고 전혀 다른 일을 시작해 기분을 전환하는 등의 방법으로 마음을 가라앉히기 바랍니다.** 그런 다음에 꾸짖어도 늦지 않습니다.

조금 다른 이야기입니다만, 최근 들어 반대의 의미로 조금 걱정이 되는 일이 있습니다. 요즘 젊은 세대를 보고 있노라면 어렸을 때 제대로 된 꾸지람을 받지 않은 채 어른이 된 사람이 많은 것 같다는 느낌이 듭니다. 자신이 실수했을 때나 잘못을 지적받았을 때 올바르게 사과하지 못하는 젊은이가 늘어났기 때문입니다. 본인도 사과해야 한다는 것을 모르지는 않은 듯하지만 "죄송합니다."라는 한마디를 좀처럼 하지 못합니다. 어른에게서 진지하게 꾸중을 들은 적이 없이 자란 탓에 솔직하게 사과하지 못하는 것이 아닐까요?

일반화할 수는 없지만, 최근의 학교나 유치원, 보육원 등에서는 예전처럼 선생님이 학생이나 아동을 엄하게 지도하는 일이 줄어들었다고 들었습니다. 꾸짖는 것은 도저히 묵과할 수 없는 문제 행동을 했을 때 정도이고, 큰 문제가 되지 않는다면 그냥 넘어가는 무사안일주의가 확산되고 있는 것이 아닌가 하는 생각을 지울 수 없습니다.

다만 아이의 인격 형성에 대한 가장 큰 책임은 두말할 것도 없이 가정에 있습니다. 안 되는 것을 안 된다고 말해야 할 때는 의연한 태도로 말씀하십시오. '아이가 불쌍해.', '미움 받고 싶지 않아.'라는 생각에서 무조건 오냐오냐 하고 받아 주면 아이는 자신의 행동을 되돌아볼 기회를 놓친 채 성장합니다.

자녀를 효과적으로 꾸짖으려면 평소에 가정의 분위기를 밝게 만들고 부모 자식 간의 관계를 원활하게 만들어 놓아야 합니다. 그렇다면 이를 위한 가장 빠른 길은 무엇일까요? 함께 식탁에 둘러앉아 식사하는 것입니다. 식사는 가족이 의사소통을 할 수 있는 소중한 자리입니다. 서로의 얼굴을 보면서 그날 있었던 일에 관해 대화를 나누면 아이가 지금 어떤 상태에 있는지 금방 알 수 있습니다. 또 아이는 부모가 자신의 생각을 들어 준다는 만족감을 느끼지요.

요즘 아이들은 학원을 가거나 특별활동 등을 하느라 어른 못지않게 바빠서 가족 모두가 모일 기회가 많지 않습니다. 그러니 일주일에 한 번쯤은 가족 모두가 모여서 함께 식사를 하기로 정하십시오. 아이는 단란한 분위기 속에 있을 때 건강하게 자란다는 사실을 명심하시기 바랍니다.

> 일주일에 한 번은 가족 모두가 식탁에 둘러앉아
> 대화를 나눈다.

남편과 의견이 대립해 자주 싸운다

부부싸움은 물론 하지 않을 수 있다면 안 하는 편이 가장 좋습니다. 하지만 상대에게 관심이 있으니까, 그리고 서로의 관계가 더 좋아지기를 바라기에 싸움을 할 것입니다. 만약 상대가 어떻게 되든 상관없다면 '이 사람한테는 무슨 말을 해도 시간 낭비야.'라는 듯이 무시로 일관하겠지요. "많이 싸울수록 좋은 사이다."라는 말이 있는데, 이것은 어떤 의미에서 진실인지도 모르겠습니다.

그렇다면 두 사람의 관계를 개선하고 싶어서 싸우는 것인데 왜 서로에게 욕을 하고 서로의 인격을 부정하는 격렬한 '전투 상태'가 되는 것일까요? 그것은 상대를 자신의 생각대로 움직이고 싶은, 자신이 올바르고 상대가 틀렸음을 증명하고 싶은 마음이 있어서일 것입니다. 한마디로 자신의 승리에 집착하기 때문이지요.

"무슨 소리야? 나는 싸움 따위는 하고 싶지 않은데 저쪽의 태도가 문제야."라고 말하는 사람도 있겠지만, 이것도 상대가 기대대로 움직여 주지 않는 데 화가 난 것이므로 마음속에는 상대를 통제하고 싶다는 심리가 있다고 볼 수 있습니다. 또 남들이 보기에는 아무래도 상관없을 사소한 일이 큰 싸움으로 발전하는 것도 부부 싸움의 특징인데, 이 또한 자신이 옳다는 집착이 문제를 키운 결과라고 생각합니다. 이것은 비단 부부 사이만의 이야기가 아닙니다. 상대를 이기려고 생각하는 한은 원만한 인간관계를 쌓을 수 없습니다. 특히, 평생을 함께 할 반려자를 상대로 승부에 집착한다면 대체 언제 마음의 안식을 얻을 수 있겠습니까?

다만 그렇다고 해서 무조건 자신의 의견을 굽히고 상대에게 맞춘다면 본래의 자신으로부터 점점 멀어져 숨이 막히게 됩니다. 반대로 상대를 굴복시켜 이기더라도 기분이 좋은 사람은 여러분 자신뿐입니다. 어느 쪽이든 스트레스가 쌓이고 쌓이다 언젠가 크게 폭발해 돌이킬 수 없는 지경이 될 것이 눈에 선합니다.

어떤 부부든 하나부터 열까지 전부 똑같은 가치관을 가지고 있을 수는 없습니다. 그러므로 먼저 서로의 차이를 인정하는 것이 중요합니다. 그리고 '애어愛語'를 명심하고 '이타'의 정신으로 상대를 대하십시오. 애어에 관해서는 앞에서도 말씀드렸습니다. "조심해서 다녀오세요.", "수고하셨어요.", "항상 고마워." 상대에게 자애심을 담아 말하는 것은 아침저녁의 대화 속에서 지금 당장이라도 할 수 있는 일입니다. 말투는 예전과 다르지 않더라도 그 속에 진심 어린 애정과 따뜻한 마음을 담는다면 전해지는 메시지가 완전히 달라집니다. 또 상대가 고쳤으면 하는 점이 있으면 "있잖아, 부탁이 있는데……."라고 미리 말하십시오. 이렇게만 해도 여러분의 이야기를 받아들이는 상대방의 자세가 많이 달라질 것입니다.

'이타'란 타인을 이롭게 한다는 뜻입니다. 즉 자신보다 상대를 생각하며 행동한다는 말이지요. 서로의 이기심이 충돌하는 곳에서는 아무 것도 만들어지지 않습니다. 자신을 이해해 주기를 바라는 것은 상대도 마찬가지입니다. 이기심을 버리고 오로지 상대만을 생각하면 결국은 상대도 자신을 버리고 여러분을 생각하게 됩니다. 상대를 생각하는 고귀한 마음이 따뜻한 관계를 만듭니다. 여러분과 가장 가까이 있는 인생의 반려자에게 여러분의 자비심을 쏟아 주십시오.

'상대에게 이기고 싶다.'는 마음을 버린다.

이웃과 분쟁이 일어나 사이가 험악해졌다

생활 소음, 쓰레기 문제, 때로는 집 주위에 놓은 화분이나 반상회에서의 의견 충돌 등 분쟁의 원인은 곳곳에 숨어 있습니다. '아이의 목소리와 뛰어다니는 소리 때문에 거슬린다.', '이불을 두들기는 소리가 시끄럽다.', '이웃에서 이상한 냄새가 난다.' 등 여러분의 집 주위에도 다양한 분쟁의 '불씨'가 있지 않을까요?

이웃 간에 분쟁이 늘어난 가장 큰 원인은 '공동체의 붕괴'라는 말이 있듯이, 예로부터 이어져 내려오던 이웃 간의 끈끈한 관계는 거의 사라져 버린 상태입니다. 고도 경제 성장기 무렵까지는 일부 특별한 세대를 제외하면 도시나 농어촌이나 전부 서민으로서 비슷한 수입, 비슷한 환경에서 비슷한 인생을 살았습니다. 그런데 지금은 수입도 가치관도 생활 시간도 다양해져서 같은 지역에 살고 있더라도 가정에 따라 생활 방식이 완전히 다릅니다. 이렇게 생활 방식이 다종다양한 사람들이 모여 있기 때문에 반상회를 열거나 지역 축제가 있어도 옛날처럼 강한 결속력으로 하나 되어 움직이기가 어려워졌습니다.

만약 평소부터 서로를 잘 알고 있다면 조금 불쾌한 일이 있더라도 '○○ 씨 집이라면 그럴 수밖에 없지.', '저쪽도 사정이 있을 거야.'라고 상대를 이해할 수 있을 것입니다. 또 "저번에는 죄송했습니다.", "아닙니다. 저희야말로······."와 같은 대화를 나누고 아무 일도 없었다는 듯이 넘어갈 수 있겠지요. 하지만 일단 분쟁이 일어나면 관계를 회복하기까지 시간이 걸립니다. 경우에 따라서는 불편한 분위기가 몇 년씩 계속될 수도 있습니다.

그러므로 평소에 많은 이웃과 친해지는 것이 중요합니다. **이웃과 친해지는 비결은 공통의 이야깃거리를 찾아내는 것**입니다. 운동도 좋고 취미도 좋고 맛집 정보도 좋습니다. 소재는 무엇이든 상관없습니다. 상대가 좋아하는 것이나 흥밋거리가 자신과 같다면 그것이 돌파구가 되어 친분이 확대될 것입니다. 그래서 위급한 순간에 이웃과 연대할 수 있다면 그보다 마음 든든한 일은 없습니다.

하지만 이미 분쟁이 일어났다면 상대는 자신과 전혀 다른 가치관을 가지고 있다는 점을 염두에 두고 행동하십시오. 같은 개를 보더라도 '귀엽다.'고 생각하는 사람이 있는 반면에 '무섭다.'고 느끼는 사람도 있습니다. 어떤 집은 자신이 기르던 정원수의 가지가 옆집을 침범하자 항의가 들어와 그 가지를 싹둑 잘라냈는데, 며칠 뒤에 다른 이웃이 "그 가지에 새들이 날아드는 것을 즐겁게 보고 있었는데……."라며 불평을 늘어놓았다고 합니다. 이쪽을 만족시키니 저쪽이 불만을 느낀 것이지요.

같은 사건을 아무렇지 않게 생각하는 사람도 있지만 그렇게 받아들이지 못하는 사람도 있기 마련입니다. 그렇다고 갑자기 가치관이나 사고방식을 바꾸라는 것은 당연히 무리이지요. 그러니 하다못해 상대에게 불쾌감을 주지 않도록 행동하는 수밖에 없습니다.

특히 분쟁이 일어난 뒤에는 앞에서 말씀드린 '애어'에 신경을 쓰십시오. 상대의 이야기를 진지하게 듣고 정중하게 이야기하십시오. 그리고 성심성의를 다했는데도 소용이 없다면 거리를 두십시오. 자신에게 부끄럽지 않은 말과 행동을 했는데도 그렇다면 상대와 거리를 둬도 괜찮습니다.

가치관의 차이를 전제로 정중히 이야기한다.

점원의 태도에 화가 치밀어
설교를 하고 말았다

'나는 손님인데, 돈을 냈는데……' 즉 '더 높은 위치'인데 마음에 들지 않는 태도를 보이는 데 화가 나서 하지 않아도 될 설교를 하고 말았던 적은 없습니까? 일상의 불만을 가족에게 푸는 것과 마찬가지도 자신보다 불리한 위치에 있는 사람을 스트레스의 분출구로 삼아 시비를 거는 것으로 보이게 됩니다.

물론 본인은 그럴 생각이 없었을지도 모릅니다. 하지만 가슴에 손을 얹고 생각해 보십시오. 혹시 여러분은 평소에 사회적인 처지나 지위, 직위에 따라 자신의 태도를 바꾸고 있지는 않습니까? 단골 거래처를 상대할 때는 만면에 웃음을 띠면서 업자가 납품을 왔을 때는 쳐다보지도 않지는 않습니까? 집에서는 시종일관 벌레 씹은 표정으로 지내면서 이웃 아주머니에게는 붙임성 있게 말을 걸지는 않습니까? 혹시 마음에 짚이는 것이 있다면 여러분은 '그 사람 자체'가 아니라 '그 사람이 때마침 가지고 있는 지위나 처지'를 상대하고 있다는 뜻입니다.

사람은 모두 존귀한 불성을 지니고 이 세상에 태어난 존재입니다. '위'도 '아래'도 없습니다. 도겐 선사는 『전좌교훈』에서 이렇게 말했습니다. "전혀 탐닉, 집착하지 않는다." 이것은 식재료를 다룰 때의 마음가짐에 관한 말로, 좀처럼 구할 수 없는 귀중한 식재료를 사용해 특별한 요리를 만들 때나 평범한 식재료로 평소와 같은 음식을 만들 때나 똑같은 마음을 담아 정성껏 만들라는 의미입니다. 고급 식재료를 사용한다고 해서 마음이 들뜨고, 평범한 식재료라고 해서 소홀히 다루는 것은 집착심이 있기 때문입니다. 온갖 식재료의 생명, 본연의 모습을 보지 못하기 때문입니다.

그 사람의 지위나 직위 등은 우연히 그때 그 사람에게 딸려 있는 것일 뿐입니다. 그것을 떼어 내면 모두가 자신의 인생이라는 길을 열심히 걷고 있는 한 사람의 인간입니다. 수십억 명이나 되는 사람이 있는 지구에서 어떤 연이 있어 잠시뿐이라 해도 함께 지내고 있는 것이니 서로에게 경의를 품고 존중하는 마음으로 상대해야 할 것입니다. 그렇지 않습니까?

특히 만약 여러분이 높은 지위나 직위에 있을 경우는 이 점을 충분히 가슴에 새겨 두시기 바랍니다. 사회적으로 지위가 높아질수록 소위 '약자'라고 불리는 처지에 놓인 사람에게 고개를 숙이고 겸허한 마음으로 상대해야 합니다. 이것이 중요한 포인트입니다. 사람은 지위나 명예를 얻으면 자신이 대단해졌다고 착각하는 경향이 있습니다. 하지만 그것은 일시적인 현상에 지나지 않습니다. 높은 직위에 오르거나 자신이 한 일이 높은 평가를 받아 수입이 늘어난 순간 갑자기 인격이 달라지는 사람을 가끔 볼 수 있는데, 이것은 망상에 빠졌을 뿐입니다. 아무리 **커다란 권력을 손에 쥐어도, 아무리 주위에서 떠받들어도 그 사람 자체는 달라지지 않습니다.**

일상에 불만이나 분노가 쌓여 있다면 누군가를 공격해 발산하지 않더라도 다른 해소 방법이 얼마든지 있습니다. 여러분이 만나는 사람은 모두 인생이라는 수행의 길을 함께 걷는 사람들입니다. 상대가 누구든 성실히 대하십시오. 이것도 중요한 수행입니다.

> 자신의 지위가 높은 때일수록
> 겸허한 마음으로 사람을 대한다.

역의 플랫폼에서 상대방과 부딪치자 상대가 화를 냈다. 상대방도 잘못했는데……

일본의 출퇴근 시간은 외국 언론에도 소개될 만큼 엄청나게 혼잡합니다. 특정한 시간에 수많은 사람이 역이라는 좁은 공간으로 몰려드는데다가 모두가 목적지를 향해 발길을 재촉하기 때문에 때로는 누군가와 어쩔 수 없이 어깨가 부딪치게 됩니다. 이럴 때 보통은 "미안합니다."라며 고개를 살짝 숙이면 그것으로 끝이지요. 그런데 가끔은 부딪친 상대가 굉장히 무서운 표정으로 "어딜 보고 다니는 거야? 조심해서 다니라고!"라며 화를 낼 때가 있습니다. 그럴 때는 무시하고 지나가는 것이 최선입니다만, 조금 기분이 언짢을 때는 무시가 최선임을 알면서도 "뭐라고? 당신이야말로 조심하라고!"라고 되받아치고 싶어지지는 않습니까? 또는 그 자리에서 되받아치지는 않았지만 불쾌한 감정이 남아 다른 곳에서 화풀이를 했을지도 모릅니다.

그런 상황에서는 '피장파장'이라는 말을 떠올리기 바랍니다. '피장파장'은 좁은 국토에서 어깨를 맞대고 살아온 선조의 지혜입니다. 모두가 이 지혜를 떠올린다면 때때로 뉴스에 나오는 역이나 번화가에서의 싸움은 크게 줄어들 것입니다. 하지만 오늘날은 모두가 항상 짜증을 느끼며 살고 있습니다. 그래서 '당하면 되갚아 준다.'라는 듯이 사소한 일로도 언성을 높이는 살벌한 분위기가 되었습니다.

하지만 여러분이 마음먹기에 따라서는 주위의 분위기가 아무리 살벌하더라도, 또 설령 난폭한 언동을 당하더라도 여기에 휘둘리지 않을 수 있습니다. 앞으로 거리를 걸을 때는 자신을 연꽃이라고 생각해 보시기 바랍니다. 불교에서는 부처님의 가르침을 상징하는 존재로서 연꽃을 매우 소중히 여깁니다. 부처님이 앉아 계신 좌대의 모양도 연꽃을 본뜬 것이지요.

연꽃은 맑은 물이 아니라 탁한 진흙 속에서 자라지만 진흙에 더럽혀지지 않고 꽃눈을 뻗어 고상하고도 아름다운 꽃을 피웁니다. "연꽃은 진흙에서 자라지만 진흙에 더럽혀지지 않는다." 자신의 불성을 갈고닦으면 어떤 환경에 있든 간에 그 영향을 받지 않고 온화하게 자신의 꽃을 피울 수 있습니다. 어깨가 부딪혔을 때 "미안합니다." 정도로 넘어가지 못하는 사람은 마음속에 어지간히 커다란 스트레스를 끌어안고 있을 것입니다. 그렇게 생각하면 혹시 상대가 화를 내더라도 '많이 흥분했구나.', '불쌍하구나.'라는 생각이 들지 않을까요?

붓다는 이 세상을 떠나면서 제자들에게 "자신을 등불로 삼아, 불법을 등불로 삼아 정진하도록 하여라."라는 말씀을 남기셨습니다. 붓다나 다른 훌륭한 누군가를 의지하는 것이 아니라 붓다의 가르침 자체와 자신을 '등불'로 삼아 어두운 세상을 살아가라는 의미입니다.

자신을 등불로 삼으면 어떤 때라도 스스로 자신의 마음을 비출 수가 있습니다. 그뿐만이 아닙니다. 여러분의 주위도 밝게 비출 수가 있습니다. 여러분에게 화를 낸 사람에게도 따뜻한 빛을 비출 수 있게 된다면 얼마나 멋질까요?

진흙 속에서 피는 연꽃 같은 고상함으로
세상을 살아간다.

지하철 등 공공장소에서 매너를 지키지 않는 사람에게 짜증이 난다

어떤 단체의 조사에 따르면 지하철을 이용할 때 불쾌감을 주는 행위는 1위부터 순서대로 '큰 소리로 이야기하기', '타인에게 불편을 주는 자세로 좌석에 앉기', '휴대전화 사용하기', '헤드폰에서 새어나오는 소리', '타고 내릴 때의 매너'라고 합니다. 그리고 '쓰레기나 빈 캔 방치하기', '지하철 바닥에 앉기', '차 내에서 화장하기' 등이 그 뒤를 이었습니다.

전부 한 번쯤은, 아니 지하철로 출퇴근하는 사람이라면 거의 매일처럼 접하는 광경일 것입니다. 지하철로 출퇴근하는 사람에게 지하철 안은 생활공간의 일부라고 해도 과언이 아닙니다. 따라서 매일 불쾌감을 느끼고 치밀어 오르는 화를 간신히 억누르고 있는 사람도 많지 않을까 생각합니다.

또 지하철 내부뿐만 아니라 공공장소에서도 매너에 어긋나는 행위를 때때로 목격합니다. 잡담 금지가 규칙인 도서관에서 대화를 하는 사람도 있고, 백화점이나 레스토랑 같은 곳에서 아이가 뛰어다녀도 주의를 주기는커녕 태연하게 바라보는 부모도 있습니다. 혹시 자신도 모르는 사이에 타인에게 불쾌감을 주고 있지는 않은지 되돌아보며 조심해 줬으면 하는 바람입니다.

그렇다면 매너를 지키지 않는 사람이 있을 때는 어떻게 해야 할까요? 세상이 뒤숭숭하다 보니 위험한 사건이 많아서 조심스러울 때도 있을지 모르지만, 명백히 주위에 피해가 되는 행위라면 자연스럽게 주의를 주는 편이 스트레스가 되지 않을 것입니다. 다만 그때는 진심이 담긴 '애어'를 사용할 것을 명심하십시오. 그러면 상대도 순순히 받아들일 수 있을 것입니다.

제 경우는 이렇게 말합니다. "그 행위는 주위에서 볼 때 아름답지 못하니 그만하시는 편이 좋습니다." "조금만 조용히 해 주신다면 더 아름답게 보일 것입니다."

'아름답다.'라는 말을 싫어하는 사람은 없습니다. 사람은 누구나 아름답게 보이고 싶기 마련입니다. 그러므로 이렇게 말하면 가슴이 뜨끔하며 자신의 행위를 돌아볼 것입니다. 물론 직설적으로 "주위에 피해를 주니 그만해 주십시오."라고 말할 수도 있습니다. 하지만 그러면 "아니, 내가 무슨 피해를 준다는 거야?", "피해를 주고 있다니까요."와 같이 서로 권리를 주장하기 시작해 오히려 수습 불가능한 상황을 만들 우려가 있습니다.

특히 지하철에서 화장을 하거나 음식을 먹는 사람에게는 '이건 누구한테 피해를 주는 행위가 아니야.'라는 의식이 있지 않을까 싶습니다. "두 명분의 자리를 차지하고 있는 것도 아니고 쓰레기를 버린 것도 아니야. 차비도 분명해 냈고 조용히 앉아 있으니 뭘 하든 내 자유잖아?"라는 마음의 소리가 들리는 듯합니다. 하지만 그런 사람들도 아름다워지고 싶다는 마음은 반드시 가지고 있습니다.

"지금 당신이 하는 행동은 아름다운 행위일까요?" 단순히 조심하라는 말을 들었을 때는 반발하는 사람도 이런 질문에는 반드시 마음이 움직일 것입니다. 물론 이것은 여러분도 자문해야 할 질문입니다. 몹시 마음이 어지러울 때도 '아름다운 나'로 있을 수 있도록 자신을 다스리기 바랍니다.

"아름답지 않습니다."라고 자연스럽게 주의를 준다.

분노를 없애기 위한 선의 가르침
직장에서의 분노

좋은 일은
전부 경쟁자가 차지해
화가 난다

'호적수'라는 말이 있듯이, 서로를 향상시켜 주는 경쟁자 관계는 그 사람의 성장에 큰 공헌을 합니다. 불꽃 튀는 절차탁마 속에서 놀라운 성과를 내고, 이를 통해 다시 경쟁합니다. 상대가 좋은 실적을 내면 '좋았어! 이번에는 내 차례야!'라며 투지를 불태웁니다. 이런 존재를 만난다는 것은 인생의 깊이를 더해 주는 기쁜 일이라고 할 수 있습니다.

하지만 이때 빠져서는 안 될 함정이 있습니다. 상대를 추월하는 것만을 목적으로 삼는 것입니다. 그렇게 되면 막상 자신이 경쟁자를 추월했을 때 목표를 잃고 '지금까지 한 노력은 대체 뭐였지?'라며 맥이 풀려 버릴 것입니다. 자신의 업무에 몰두했던 것이 아니라 상대를 이기는 데만 집착했을 뿐이기 때문입니다. **승패에만 집착한다면 영원히 그 세계에서 탈출하지 못합니다.**

　물론 '성과를 내고 싶다.', '분하다.'라는 생각은 발전하고 싶다는 마음의 표현이므로 나쁘지 않습니다. 하지만 자신이 해야 할 일은 등한시하고 상대의 행운을 부러워하거나 상대의 발목을 어떻게 잡아끌지 궁리한다면 평생을 가도 경쟁자를 추월하지 못하며 만족스러운 성과도 올리지 못할 것입니다. 상대만 각광을 받는다거나 자신은 음지를 걷고 있다는 생각이 들 때일수록 업무에 자신만의 아이디어를 담으며 꾸준히 노력해야 합니다.

　"수처작주 입처개진隨處作主 立處皆眞, 머무는 곳마다 주인이 되면 서 있는 곳이 모두 진리가 된다." 어떤 곳에 있더라도 자신이 주인공이 되어 행동하면 서 있는 곳이 진실된 장소가 된다는 의미입니다.

　'왜 내게는 항상 하찮은 일만 들어오는 걸까?' 이런 생각이 들 때는 이 말을 떠올리시기 바랍니다. '시켰으니까 한다.'라고 생각하면 사물을 삐딱하게 바라보게 되어 수동적인 자세로밖에 일에 몰두하지 못합니다. 그러면 당연히 그 정도의 성과밖에 올리지 못하며, 여러분 자신도 일이 재미없어지고 상사나 동료에게서도 그리 좋은 평가를 받지 못할 것입니다. 하지만 주어진 일을 '하나의 기회'라 생각하고 주체적으로 임하기 시작한다면 이야기는 완전히 달라집니다. 그것이 설령 차 심부름이나 복사 같은 잡일이더라도 주어진 기회를 어떻게 살릴 수 있을지 궁리하며 능동적으로 일할 수 있을 것입니다.

어떤 일이든 자기 나름의 색, 자기 나름의 궁리를 더할 수는 있습니다. 복사를 부탁받았다면 한눈에 차이를 알 수 있도록 문서의 종류에 따라 클립의 색을 바꿀 수도 있고, 똑같은 차라도 다른 사람이 탄 것과는 맛이 다르도록 찻잔을 따뜻하게 데우고 물의 온도에 신경을 쓰는 방법도 있습니다. 이렇듯 할 수 있는 일은 얼마든지 있습니다. 그렇게 자신이 맡은 일에 몰두하면 점점 일이 즐거워져 새로운 아이디어가 계속 솟아날 것입니다. 여러분이 맡은 일의 구석구석에 여러분의 개성이 묻어나며 그에 상응하는 결과도 따라올 것입니다.

그런 여러분의 모습을 본 사람은 '재미있는 친구군. 다음에는 이런 일을 맡겨 보자.'라고 생각할 것입니다. 설령 당장은 주변에 그런 사람이 없더라도 언젠가는 반드시 어딘가에서 여러분을 바라보는 사람이 나타나 여러분을 인정해 줄 것입니다.

어떤 일이든 기회라 생각하고
자기 나름의 아이디어를 더한다.

중요한 일이 있는데
갑자기 야근을 부탁받아 화가 났다

오랫동안 즐겁게 기다렸던 콘서트 당일. 야근을 하지 않아도 되도록 며칠 전부터 자신이 맡은 업무를 전부 처리해 놓고 퇴근 시간을 알리는 벨이 울리기만 기다리고 있는데 상사가 "갑자기 시켜서 미안한데, 이거 내일까지 처리해 주지 않겠나?"라며 일을 맡겼습니다. 여러분이라면 어떻게 하겠습니까? "아, 오늘은 제가 중요한 일이 있어서……."라든가 "오늘 콘서트를 예약해 놓아서 야근은 어렵겠는데요."라고 솔직하게 거절할 수 있는 직장이라면 걱정할 필요가 없겠습니다만, 상사가 권위적이거나 매우 바쁜 직장일 경우는 좀처럼 거절하기가 어렵습니다. 하지만 그렇다고 해서 "알겠습니다."라고 대답하고 야근을 하면 화가 부글부글 끓어올라 결국 훗날까지 원망을 품게 되겠지요.

먼저 할 수 있는 일은 어떻게든 야근을 하지 않아도 되도록 대처하는 것입니다. 어쩌면 다음 날 해도 충분한 일일 수도 있습니다. 또 아침 일찍 일어나 업무가 시작되기 전에 끝내거나 다른 사람에게 부탁하는 방법도 있습니다. 오늘은 중요한 일정이 있다고 말하고 "내일 하면 안 되겠습니까?", "다른 사람에게 맡기면 안 되겠습니까?"라고 물어보십시오. '단호하게 거절한다.'와 '참고 한다.'의 두 가지 방법밖에 없다고 단정 짓지 말고 자신의 희망과 상대방의 희망을 모두 이룰 방법을 찾는 것입니다.

이때 '이런 날에 야근을 맡기다니!'라고 생각하며 불만스러운 태도로 말하는 것은 절대 금물입니다. 그랬다가는 상사도 화가 나서 "뭐야, 일하기 싫다는 건가?"라고 반발할 테니 말입니다. 같은 부탁을 하더라도 어떻게 말하느냐에 따라 상대가 받는 인상은 완전히 달라집니다. "오늘은 한참 전에 예매를 한 콘서트가 있습니다. 내일이라면 할 수 있는데, 내일 해도 괜찮을까요?", "오늘은 선약이 있어서 어렵습니다만, 내일 오전까지라면 끝낼 수 있습니다. 그렇게 해 주신다면 책임지고 처리하겠습니다.", "오늘은 제가 정말 급한 사정이 있습니다. 혹시 다른 사람에게 맡겨 주실 수는 없을까요?"

필요 이상으로 자신을 낮추거나 죄송스러워할 필요는 없습니다. 말하기 전에 심호흡을 한 번 하고 직설적으로 이렇게 물어보십시오. 그러면 "내일 점심시간 전까지만 끝낼 수 있다면 괜찮네.", "그러면 ○○ 씨에게 부탁해 보지."라는 대답이 돌아올 때도 많습니다. 그런 뒤에 "죄송합니다. 다음에는 꼭 제가 하겠습니다."라고 말하면 상사도 이해할 것입니다.

또 설령 야근을 하게 되더라도 자신의 상황을 알리고 최선을 다한 뒤라면 '이쩔 수 없지.'라고 체념할 수 있습니다. 상사도 여러분이 중요한 일정이 있음에도 야근하는 것을 알 것입니다. 그리고 이때는 "이번에는 어쩔 수 없지만 다음에는 선약을 우선해 주십시오."라고 못을 박아 놓으면 같은 경험을 반복하지는 않을 것입니다. 또 무엇보다도 어떤 결과가 나오든 '할 말은 했다.'는 만족감을 얻을 수 있으므로 그 후에 받는 스트레스가 전혀 달라집니다.

조금 발상을 바꾸면, 혹은 조금 용기를 내면 똑같은 상황에서도 다른 행동을 할 수 있습니다. '나를 어떻게 생각할까?'라는 걱정을 버리고 있는 그대로의 모습으로 대처하면 됩니다. 그때의 감정에 휩쓸리지 않고 자신이 수긍할 수 있는 길을 찾으면 반드시 그에 상응하는 결과를 얻을 수 있을 것입니다.

참지 말고 자신의 상황을 솔직하게 전한 뒤 최선의 방법을 모색한다.

며칠씩 밤을 새우며 작성한 기획서를 퇴짜 맞아 폭발할 지경이 되었다

열과 성을 다하며 몰두한 업무가 아무런 평가도 받지 못했을 때의 충격은 당연히 엄청날 것입니다. 시간과 에너지를 쏟아 부은 만큼 애착도 강하므로 '왜?'라는 생각이 머릿속을 가득 채우고 분노와 분한 마음이 복받칠지도 모릅니다.

냉정하게 생각하면 부당한 것은 여러분이 한 업무이지 여러분 자신이 아닙니다. 하지만 열심히 기획서를 만들었는데 "이딴 걸 어디다 쓰라는 말인가?", "몇 년째 이 일을 하고 있으면서 이렇게밖에 못 만드나?"라며 퇴짜를 맞는다면 반사적으로 부정적인 감정이 솟아오르기 마련입니다. 자신의 존재 전부를 부정당한 듯한 기분이 되지요.

부하 직원을 키우는 데 능숙한 상사는 퇴짜를 놓을 때 '퇴짜를 놓는 이유'와 '개선점'을 명확히 설명합니다. 또 그 업무의 이면에 있는 부하 직원의 노력을 충분히 인정하며 "열심히 만들었군."이라고 칭찬의 말을 한마디 건넵니다. 하지만 현실에서 그런 상사를 만날 수 있는 사람은 극히 소수의 행운아뿐입니다. 상사도 매일 결과를 요구받으며 극심한 스트레스 속에서 일하기 때문에 그렇게까지 섬세한 대응을 바라는 것은 어떻게 보면 가혹한 일입니다.

자신이 한 일을 상사에게 부정당할 때마다 자신의 모든 것을 부정당한 듯한 착각에 빠져 풀죽어 지낸다면 평생이 가도 성장할 수 없습니다. 사물을 객관적으로 파악하는 습관을 들이고 마이너스를 플러스로 전환할 방법을 궁리하십시오. 어떤 일이든 건질 것이 하나도 없는 경우는 없습니다. 가령 전체의 70퍼센트는 퇴짜를 맞았더라도 나머지 30퍼센트는 좋게 평가할 수 있는 부분이 있기 마련입니다. 그 30퍼센트를 어떻게 발전시킬지, 퇴짜 맞은 70퍼센트를 얼마나 좋은 방향으로 바꿔나갈지 생각하십시오. 결과를 분석하고 플러스를 늘리도록 궁리하는 것이 중요합니다.

이렇게 생각할 수 있으면 '퇴짜 맞은 쓸모없는 기획서'가 '더 발전할 가능성이 있는 기획서'로 탈바꿈합니다. 바로 이것이 마이너스를 플러스로 전환하는 방법입니다. 마이너스를 플러스로 전환하는 작업은 여러분이 직접 하는 수밖에 없습니다. 이때 가장 빠른 방법은 퇴짜를 놓은 상사에게 "어떤 부분이 문제입니까?", "어디를 고쳐야겠습니까?"라고 솔직하게 물어보는 것입니다. 물론 입을 삐쭉이며 불만스러운 표정으로 물어보면 "그런 건 자네가 생각하도록 해!"라는 호통만 들을 터이니 겸허한 마음으로 물어보는 것이 중요합니다. 그리고 원인을 알았으면 그 부분을 개선해 나가십시오. 기획을 개선하기 위해 다시 담담하게 일에 몰두하기만 하면 되므로 스트레스를 받을 일은 없습니다. 만약 상사가 수정할 점을 명확히 가르쳐 주지 않는다면 신뢰할 수 있는 친구나 동료에게 물어보는 것도 좋은 방법입니다. 업무와는 직접 관련이 없는 친구의 조언 속에 귀중한 힌트가 숨어 있을 때도 적지 않습니다.

 자신의 바람과 다른 결과가 나왔을 때 그것을 단순한 실패로 여긴다면 성장은 그 시점에서 중단됩니다. 그동안 쌓아 올렸던 성과도 무의미해질 것입니다. 하지만 경험이라고 생각하고 객관적으로 정리해 보면 그 안에는 다음에 좋은 결과를 내기 위한 정보가 담겨 있습니다. 화가 나서 상사를 비판하거나 자신감을 잃고 풀죽어 지내기보다 앞을 향해 빠르게 걸어가는 편이 훨씬 밝은 미래를 기대할 수 있을 것입니다.

마이너스를 플러스로 전환할 방법을 궁리한다.

동료나 상사의 사소한 발언에
금방 상처를 받고,
그 말을 떠올릴 때마다 화가 난다

어느 직장에나 타인의 아픔을 이해하지 못하는 사람이나 배려가 부족한 사람, 도저히 마음이 맞지 않는 사람이 한두 명쯤은 있기 마련입니다. 그런 사람들에게서 불쾌한 말이나 무심한 말을 들었을 때 여러분은 "그런 말씀은 실례죠."라고 상대에게 분명히 말할 수 있습니까? 이때 '이런 사람도 있는 법이지.'라고 신경 쓰지 않을 수 있다면 그보다 좋을 수는 없을 것입니다. 또 의연하게 반론할 수 있다면 설령 그때는 분위기가 험악해지더라도 여러분의 불쾌감을 해소할 수 있겠지요. 하지만 무시하지도 반론하지도 못하고 나중에 계속 그 말을 곱씹으며 '그런 말을 하다니 무례한 사람이야.', '사람을 바보 취급하다니!'라고 화를 내는 스타일이라면 조금 주의하는 편이 좋습니다. 곱씹을 때마다 불쾌감이 재생산되어 자신에게 더욱 상처를 주는 결과가 되기 때문입니다.

과거의 불쾌한 일을 떠올릴 때 여러분의 마음은 과거에 얽매여 있습니다. 당연히 '지금'이라는 소중한 순간을 충실히 살 수가 없습니다. **귀중한 시간을 과거에 빼앗기는 것과 마찬가지**입니다. 과거의 일은 과거의 일일 뿐입니다. 한시라도 빨리 내려놓으십시오.

막부 말기와 메이지 시대를 살았던 하라 단잔(原坦山, 1819~1892)이라는 선승은 이런 일화를 남겼습니다. 다른 선승과 둘이서 수행을 다니던 단잔이 어느 강 앞에 이르렀습니다. 그 강에는 다리가 없었는데, 한 젊은 여성이 강을 건너고 싶지만 건너지 못하고 우두커니 서 있었습니다. 이 모습을 본 단잔은 "제가 건네게 해 드리지요."라며 아무런 망설임 없이 그 여성을 안고 강을 건넜습니다. 그리고 고맙다고 인사를 하는 여성과 헤어져 아무 일도 없었다는 듯이 길을 가기 시작했습니다. 그런데 얼마 후 동행하던 선승이 단잔에게 갑자기 화를 내기 시작했습니다. "수행을 하는 몸이면서 어찌 여인네를 안을 수 있단 말이오?" 그러자 단잔은 깜짝 놀라면서 "자네는 아직도 여인네를 안고 있단 말인가? 나는 강을 건넜을 때 내려놓고 왔는데."라고 말하고 크게 웃었다고 합니다.

이렇게 시원스럽게 과거를 내려놓을 수 있다면 편하게 살 수 있을 것

같지 않습니까? 단잔의 여유 있는 삶의 자세를 본받아 감정을 능숙하게 흘려보내시기 바랍니다. 계속 마음속에 불쾌한 감정을 쌓아 두지 않도록 어떻게 감정을 표출할지 궁리해 보기 바랍니다. 기분을 직설적으로 말하면 상대방의 감정이 상할 경우나 불쾌감을 전하고 싶은데 마음만 앞서서 잘 전달되지 않을 경우는 농담을 섞어 가며 하고 싶은 말을 해 보십시오. "어!? 다른 사람한테 그런 말을 들으면 꽤 화를 낼지도 몰라.", "그런 말씀을 하시면 주위에서 싫어할 겁니다."

남에게 상처 주는 말을 태연하게 하는 사람들은 애초에 감성이 다르기 때문에 아마 무슨 말을 해도 소용이 없을 것입니다. 여러분이 한 말의 본뜻을 이해하지 못할지도 모릅니다. 하지만 이렇게 말로 전하면 적어도 여러분의 마음은 상당히 개운해질 것입니다. 그 자리에서 말하지 못했다면 "그때는……."이라며 나중에 우스갯소리의 소재로 삼아도 좋습니다. 상대는 완전히 잊어버렸을지 모르지만 말로 전하는 것이 중요합니다. 그리고 평소에는 상대와 거리를 두십시오. 이것이 무신경한 상대를 대하는 현명한 방법입니다.

> 화가 났을 때는
> 농담을 섞어서 본심을 전하고 잊어버린다.

꼴도 보기 싫은 상사,
말과 행동 하나하나가 전부 마음에 안 든다

내일부터 직장에 여러분이 좋아하는 사람만 남는다거나 싫어하는 사람은 상대하지 않아도 된다면 어떨까요? 직장에서 받는 스트레스가 크게 줄어들지 않을까요? 그만큼 직장의 인간관계는 우리를 괴롭히는 고민거리입니다. 태어나서 자란 환경도 다르고 사고방식도 전혀 다른 사람들이 모여 있으니 알력이 생기는 것은 당연한 일이고 좋고 싫은 감정이 나타나는 것도 무리가 아닙니다. 하지만 마음에 들지 않는 사람의 일거수일투족이 온종일 눈에 거슬려서 견딜 수가 없는 상태라면 업무에 지장을 초래할 수밖에 없습니다.

처음 만났을 때는 백지 상태인데 언제부터인가 좋고 싫은 감정이 생기는 이유는 무엇일까요? 앞에서도 이야기했듯이 사람은 누구나 다면

적인 존재입니다. '100퍼센트 좋은 사람'도 없고 '100퍼센트 나쁜 사람'도 존재하지 않습니다. 결국은 자신의 생각이나 이해관계에 따라 그 사람의 어떤 한 가지 측면만을 보고 마음에 든다, 들지 않는다는 딱지를 붙일 뿐이지요. 타인을 싫어하는 마음은 자신을 불쾌하게 만들 뿐만 아니라 반드시 상대에게 전해지기 때문에 여러분에 대한 상대방의 평가도 떨어뜨릴 것입니다.

자신이 붙인 딱지에 속박되어 **'저 사람 마음에 안 들어!'라고 규정하는 것은 결국 스스로 직장 환경을 악화시키는 행동**입니다. 어떤 선입견도 없었던 시절로 돌아가 상대방의 좋은 점을 찾아보십시오. 그리고 거기에서 그치지 말고 실제로 칭찬해 보십시오. "오늘 셔츠 색깔이 잘 어울리네요.", "알기 쉬운 조언을 해 주셔서 도움이 됐습니다.", "목소리가 또랑또랑하네요."

마음에도 없는 말을 하거나 아양을 떨 필요는 없습니다. 정말로 작은 것이라도 좋으니 웃음 띤 얼굴로 말해 보십시오. 칭찬 받기 싫어하는 사람은 세상에 없습니다. 그러면 신기하게도 상대 역시 머지않아 여러분을 칭찬하기 시작할 것입니다. 그리고 험악했던 관계도 어느덧 몰라보게 달라질 것입니다.

마음에 들지 않는 사람에게 접근하기 위한 좋은 방법은 또 있습니다. 이쪽에서 먼저 큰 목소리로 인사하는 것입니다. 인사는 서로 의사소통을 꾀하기 위한 첫걸음입니다. 여러분이 먼저 기분 좋게 그 첫발을 내디 더 보십시오. 마음에 들지 않는 상사를 칭찬하거나 큰소리로 인사하려니 거부감이 느껴지십니까? 하지만 불과 몇 초면 할 수 있는 일입니다. '하루 한 번은 칭찬하자.', '직장의 누구보다 큰 목소리로 인사하자.'라고 결심해 보면 게임을 하는 감각으로 즐길 수 있을지도 모릅니다.

좋고 싫은 감정에서 자유로워지면 이득을 보는 사람은 결국 여러분 자신입니다. "오무호악悟無好惡, 깨달으면 좋음도 싫음도 없다."는 말이 있습니다. 모든 것을 있는 그대로 받아들일 수 있게 되면 좋음도 싫음도 사라진다는 뜻입니다. 부디 그 경지에 오르시기 바랍니다.

> 상대의 좋은 점을 칭찬한다.
> 큰 목소리로 인사한다.

상식이 없는 후배에게 주의를 줘도 반응이 없어 울화가 터진다

예로부터 "요즘 젊은이들은"이라는 주어 뒤에는 부정적인 술어가 이어져 왔는데, 최근에는 이런 이야기를 종종 듣습니다. 인사를 해도 눈을 마주치지 않는다, 결근 사유서를 이메일로 보낸다, 눈앞에서 전화가 울리는데도 무시한다, 경어를 사용하지 않는다, 혼을 내면 금방 풀이 죽는다…….

최근에 공통되는 경향을 뽑는다면 타인과의 의사소통에 서투르다는 점이 아닐까 싶습니다. 주의를 줘도 아무런 반응도 없고, 자신의 의견을 말하지 않으니 무슨 생각을 하는지 알 수가 없습니다. 조금만 엄하게 꾸짖어도 금방 그만둡니다. 이런 문제로 어떤 직장이든 젊은 세대와의 의사소통에 어려움을 겪고 있는 모양입니다.

하지만 실제로 학생이나 젊은 세대를 만나 보면 그들의 또 다른 일면을 발견할 수 있습니다. 물론 앞에서 말씀드린 경향이 있음은 부정할 수 없습니다만, 동일본 대지진 때 솔선해서 자원봉사에 참가한 젊은이들처럼 타인을 위해 몸을 아끼지 않고 땀을 흘리거나 적극적으로 의사소통을 하려고 노력하는 모습도 많이 볼 수 있습니다. 어쩌면 '우리 때는 이랬어.', '사회인이라면 이렇게 해야지.'라는 고정관념에 사로잡혀 그들의 가능성을 놓치고 있는 것이 아닌가 걱정됩니다.

물론 사회인으로서 비상식적인 언동은 당연히 지적해야 합니다. 하지만 "이것이 우리의 규칙이야.", "일은 이렇게 해야 해."라고 무조건 혼내기만 한다면 그들에게 메시지가 잘 전달되지 않을 것입니다. 수고스럽겠지만 옛날에 부모가 음식을 씹어서 자식에게 먹였듯이 알기 쉽게 이야기해 줘야 할지도 모릅니다. 이렇게 말하면 "왜 주위 사람들이 그렇게까지 신경을 써 줘야 하지?"라고 화를 내는 분도 계실 것입니다. 물론 지당한 말씀입니다. 하지만 사람을 키운다는 관점에서 생각하면 '이렇게 해야 한다.'라는 고정관념을 버리고 눈높이를 상대에게 맞추는 것이 최선의 방법이 아닐까요?

인간의 사고방식은 자라난 시대와 환경, 받은 교육에 따라 180도 달라집니다. 생각해 보십시오. 여러분도 새로운 세대와는 전혀 다른 가치관을 가지고 있을 것입니다. **가치관이나 사고방식이 다른 사람을 상대하는 것이야말로 의사소통 능력을 갈고닦을**

절호의 기회라고 생각해 보면 어떨까요? 고집이나 자존심에서 '이렇게 해야 해.'라는 생각에 지나치게 얽매이면 상대를 용납하지 못하게 될 뿐만 아니라 자기 자신을 괴롭히게 됩니다. 언제나 융통무애融通無碍의 마음을 가지십시오. 융통무애란 모든 것을 내려놓고 무엇에도 방해받거나 얽매이지 않는 마음을 뜻합니다.

   십인십색이라는 말이 있듯이, 사람은 누구나 그 사람만의 색을 지니고 있습니다. 자유로운 마음으로 바라보면 그 색이 보일 것입니다. 상대를 비판하거나 판단하지 않고 그 사람만이 지니고 있는 색이 빛을 내도록 도울 수 있을 것입니다. 꾸짖거나 잘못된 점을 지적하기만 한다면 상대의 색은 빛나지 않습니다. 그 사람의 좋은 점, 성장시켜야 할 부분에 주목하며 끊임없이 칭찬해 주십시오. 그러면 상대의 태도는 눈에 띄게 달라질 것입니다. 또 여러분 자신의 색도 선명하게 빛을 낼 것입니다. 그리고 틀림없이 주위 사람들의 눈에도 눈부시게 비칠 것입니다.

> '이렇게 해야 한다.'는 생각에 얽매이지 말고
> 융통무애의 마음으로 대한다.

부하 직원이 생각대로 움직여 주지 않아 매일같이 화를 낸다

저는 평소에 정원을 디자인하고 많은 인원이 움직이는 정원 조성 현장에서 사람들을 지휘합니다만, 현장에 있을 때 항상 명심하는 점이 있습니다. 첫째는 제가 만들고 싶은 정원의 이미지를 현장에서 일하는 모든 사람이 완전히 이해하도록 만드는 것이고, 둘째는 가끔씩 장화와 장갑을 끼고 솔선해서 일함으로써 주위 사람들과 신뢰 관계를 쌓는 것입니다. 그런 자세 덕분인지 의사소통이 어려운 외국의 현장 같은 경우도 제가 가면 현지 작업원의 움직임이 달라진다고 합니다. 평소에 저의 제자나 현지 스태프가 아무리 말을 해도 움직이지 않던 사람들이 제가 지시를 내리면 눈빛이 달라지면서 열심히 일하기 시작한다는 것입니다.

이것은 특별히 제가 잘나서 그런 것이 아닙니다. 무엇을 위해 무엇을 어떻게 하고 싶은지 명확하게 전하기 때문이지요. 완성된 모습이 눈앞에 선명하게 떠오르니까 그 목표를 이루자는 생각에서 작업원들의 의욕이 일제히 상승하는 것이라고 생각합니다. 또 제 지시대로 움직였을 때 정원이 점점 변화하는 것이 굉장히 재미있는 모양입니다. 지시를 내리고 있으면 마치 "다음에는 뭘 하면 되지?"라고 물어보는 듯이 눈을 반짝이며 저를 바라봅니다. 그리고 제가 지시하면 재빨리 움직입니다. 어떤 한 가지 작업을 할 때마다 정원이 완성에 가까워지는 모습이 눈에 보이니 '누가 시켜서 하는' 것이 아니라 '내가 하고 싶어서 하는' 상태가 되는 것입니다. 그러다 보면 말은 제대로 이해하지 못하지만 몸짓이나 눈짓을 보고 제 의향을 짐작해 움직이기 시작하는 작업원도 생깁니다.

그렇다고 제가 결코 화를 내지 않는 것은 아닙니다. 요령이 서툰 작업원이나 게으른 작업원에게는 큰 소리로 주의를 줍니다. 하지만 이것은 감정적이 되어서가 아니라 큰 소리로 호통 치는 편이 현장을 원활히 돌리기에 효과적임을 알기 때문입니다. 상대도 "이런, 들켰네."라고 쓴웃음을 지으며 다시 작업을 시작하기 때문에 분위기가 어색해지는 일은 없습니다. 하지만 제가 입만 열심히 놀릴 뿐 몸을 움직이지 않는다면 작업원들도 이렇게 움직여 주지 않을 것입니다. 작업원과 하나가 되어 땀을 흘릴 때 제가 하는 말이 설득력을 지니고 신뢰를 얻습니다.

'행해상응行解相應'이라는 선어가 있습니다. 이것은 선의 이론과 실천이 일치하는 이상적인 모습을 뜻하며, '자신이 할 수 있는 일을 먼저 실천하시오.'라는 가르침이 담겨 있는 말입니다. 부하 직원을 일하게 하고 싶다면 먼저 여러분 자신이 필사적으로 일하십시오. 존경할 만한 사람이 되지 못한다면 아무리 화를 내도 그 말이 상대의 마음에 전해지지 않습니다. 꾸짖을수록 고집스러워지고 반발할 뿐입니다.

타인을 바꾸고 싶다면 먼저 여러분 자신이 모범이 되십시오. 여러분이 목표를 향해 열심히 노력하는 자세를 보인다면 주위 사람들도 자연스럽게 움직이기 시작할 것입니다. 주위 사람들을 하나로 모아 어떤 한 가지 목표를 달성하려면 먼저 여러분 자신이 누구보다 뜨거운 열정을 품고 앞장서서 나아가야 합니다.

일이 완성된 모습을 떠올리게 하고,
자신도 솔선해서 움직인다.

인생을
바꾸는
'화내지 않기 위한
삶의 자세'

모든 일이
'고마운' 사건이 된다

지금까지 분노로부터 자유로워지려면 어떻게 생활하고 어떻게 생각해야 할지에 관해 말씀드렸습니다. 물론 우리는 감정이 있는 생물이고 사람이 변화하는 데는 시간이 걸리기 마련이므로 앞으로도 가끔은 기분이 상하거나 냉정함을 잃는 일이 있을지도 모릅니다. 하지만 제2장과 제3장에서 말씀드린 내용을 실천해 나가면 지금까지보다 훨씬 밝게, 유연하게 살 수 있을 것입니다. 그렇게 된다면 그야말로 '일일시호일日日是好日', 즉 하루하루가 전부 '좋은 날'이 됩니다.

여기에서 '호일好日'은 단순히 '좋은 일이 일어나는 하루'나 '즐거운 하루'라는 의미가 아닙니다. 그날 어떤 사건이 일어났든 그것은 그날밖에 경험할 수 없는 일입니다. 별다른 일이 없었던 날도, 날아오를 만큼 기쁜 일이 있었던 날도, 실망으로 어깨가 축 늘어졌던 날도 전부 두 번 다시 오지 않는 소중한 하루입니다. 설령 정신적으로 타격을 받을 만큼 안 좋은 사건이 있었다 해도 그것을 새로운 자신이 되기 위한 양식으로 삼을 수 있다면 하나의 '귀중한 경험'이 됩니다. 앞으로 성공하기 위한 시련이라고 생각하면 불쾌한 사건도 그 의미가 완전히 달라집니다.

이렇게 생각하면 모든 일이 '고마운' 사건이 됩니다. 생각해 보면 하루를 무사히 끝마칠 수 있었다는 사실 하나만으로도 고마운 일입니다. 우리는 평범하게 걷고, 먹고, 숨 쉬며 살고 있는 것을 아주 당연하게 생각하지만, 사실 호흡 하나도 결코 당연한 것이 아닙니다. 우리는 우리의 의지로 심장과 폐를 움직이거나 멈추지 못합니다. 심장과 폐가 저절로 움직이며 우리가 살 수 있도록 도와주고 있지요. 이렇게 고마운 일이 또 어디 있을까요? 우리를 지켜 주는 존재 덕분에 우리는 음식을 먹고, 걷고, 보고, 들을 수 있습니다. 그리고 다양한 사람과 연을 맺을 수 있습니다.

우리가 수많은 연의 뒷받침 속에 살고 있음을 깨닫는다면 산다는 것 자체가 '고마운' 일임을 느낄 수 있습니다. 그것이 '일일시호일'입니다.

언제 어느 때나
유유자적한 내가 된다

　선을 수행하는 승려를 뜻하는 '운수雲水'는 '행운유수行雲流水'라는 선어를 줄인 말입니다. 하늘을 떠가는 구름처럼, 흐르는 물처럼 무엇과도 싸우지 않고 자연스럽게 변화하는 모습에 깨달음을 구하며 수행을 계속하는 승려의 모습을 투영한 것이지요. 그들은 '무슨 일이 있어도 깨달음을 얻겠어!'라고 어깨에 힘을 주지 않습니다. 항상 있는 그대로의 모습으로 눈앞의 수행에만 몰두합니다. 운수승처럼 무심함으로 임하면 어떤 일이든 담담하게 받아들일 수 있게 되며 분쟁이나 어려움과도 어깨의 힘을 빼고 마주할 수 있게 됩니다. 그런 자세를 보고 주위 사람들은 "저 사람은 항상 유유자적하구나."라고 말하겠지요. 하지만 '이렇게 하고 싶어.', '이래야 해.'라는 욕심이나 집착에 얽매이면 구름이나 물이 흘러가듯이 살 수 없습니다.

오랫동안 정원 만들기를 계속하다 보면 이따금 제게도 '반드시 멋진 정원을 만들어야겠어.'라는 욕심이나 집착이 생길 때가 있습니다. 그러면 전체를 바라보며 사물의 본질을 파악하지 못하고 세부적인 기교나 겉모습에만 눈이 가게 되지요. 그런 상태로 정원 만들기를 진행하면 절대로 제가 수긍할 수 있는 표현이 나오지 못합니다.

'선禪의 정원'은 불필요한 장식을 철저히 배제하고 돌과 수목 자체의 개성을 충분히 이끌어 냄으로써 단순함이라는 아름다움을 만들어 냅니다. 어떨 때 제가 저의 역량을 전부 발휘했다고 말할 수 있는 만족스러운 정원이 탄생할까요? 바로 정원을 만들고 있다는 의식조차 없이 그저 단순히 몸을 움직일 때입니다. 일체의 의도와 계획을 버리고 무아지경으로 눈앞의 작업에 몰두할 때 그 소재가 가장 빛을 낼 수 있는 장소나 배치 방법을 발견해 최고의 결과를 얻을 수 있습니다. '멋진 정원으로 만들고 싶다.'라는 집착을 버렸기에 소재와 무심하게 마주할 수 있었고, 그 덕분에 개성을 발견하고 조화와 아름다움을 이끌어 낼 수 있었던 것이겠지요.

욕심이나 집착을 하나 버릴 때마다, 분노나 불만을 하나 내려놓을 때마다 사람은 가벼워져서 구름처럼 물처럼 유연하게 살 수 있게 됩니다. 있는 그대로의 모습으로 행동할 때 가장 자연스럽게, 가장 거침없이 능력을 발휘할 수 있게 됩니다.

'안심'을 얻어
기회의 파도 위에 올라타자

언제 어느 때나 마음이 안정되어 있고 아무런 고뇌도 없는 상태. 선에서는 이런 '안심安心'을 얻기 위해 수행에 열중합니다. 마음이 조용하고 맑게 개어 있으며 한 점의 불만도 불안감도 없는 상태. 자신의 내부에 불성이 있음을 깨닫고 살아 있음에 감사하는 마음만이 있는 상태입니다.

걸핏하면 우리의 마음을 점령하고 고뇌에 빠뜨리는 불안이나 걱정은 우리 자신이 마음속에서 만들어 내는 것입니다. 불안이나 공포, 분노 등 부정적인 감정을 내려놓고 '안심'을 얻으면 일상의 사소한 일에서 커다란 행복감을 느낄 수 있게 됩니다. 이웃 사람과 웃는 얼굴로 인사를 교환한 것, 정원의 매화나무에 꽃이 핀 것, 빨래가 기분 좋게 마른 것.

그전까지는 당연하게 생각했던 일상의 사건들에 대해 '참 행복하구나.', '고마운 일이구나.'라고 감사할 수 있게 되지요.

오늘 하루도 무사히 보냈다는 데 감사하면서 편안한 마음으로 하루하루를 보내게 되면 인생에 커다란 문을 열 기회가 찾아옵니다. 사실은 누구에게나 봄이 찾아오듯이 기회도 모든 사람에게 똑같이 찾아옵니다. 가끔은 자신에게만 기회가 오지 않아 버림받은 듯이 느낄 때도 있을지 모릅니다. 하지만 계절이 바뀌면 모든 사람에게 봄바람이 부는 것과 마찬가지로 기회는 누구에게나 공평하게 주어집니다.

그런데 머릿속이 불평불만이나 고뇌로 가득 차 있으면 기회가 똑똑 문을 두드려도 깨닫지 못해 기회를 놓치고 맙니다. 또 설령 기회가 찾아왔음을 깨닫더라도 불안감이나 공포에 사로잡혀 우물쭈물하면 행운의 여신은 여러분 곁을 지나쳐 버립니다. 하지만 안심이 찾아오면 여러분에게 온 기회를 금방 깨닫고 주저 없이 그 파도에 올라탈 수 있습니다. 아무리 좋은 파도가 밀려와도 올라탈 준비가 되어 있지 않으면 그 파도를 활용할 수 없습니다.

그러니 안심을 얻어 기회의 파도를 붙잡으시기 바랍니다.

작심삼일이 아니라
인생의 습관으로 만들려면?

화를 내는 행위는, 말하자면 마음의 버릇 같은 것입니다. 오랫동안 무의식적으로 계속해 익숙해진 습관이라서 하루 이틀 만에 바뀌지는 않습니다.

무엇인가 새로운 능력이나 기술을 습득하려고 할 때, 처음부터 완벽하게 할 수 있는 사람은 한 명도 없습니다. 하지만 한 걸음씩 전진하면 그 능력이나 기술은 반드시 향상되게 되어 있습니다. 그러니 **먼저 100일을 계속한다**는 목표를 세워 보시기 바랍니다.

지금까지 소개한 것을 전부 실천하려고 하면 상당히 어려울 것입니다. 그러니 한두 가지라도 좋습니다. '이거라면 할 수 있을 것 같아.'라고 생각되는 것을 정해서 먼저 100일, 그러니까 약 3개월 정도 계속합니다. 무엇인가를 습관으로 들이려면 대체로 이 정도의 기간이 걸립니다. 목표로 삼을 사람을 정해서 그 사람을 따라해 보는 것도 좋은 방법입니다.

다만 100일이 말은 쉬워도 실제로 실천해 보면 상당히 길게 느껴질 것입니다. 그러니 등산을 할 때 정기적으로 쉬듯이 **일주일, 1개월 등 여러분의 타이밍에 맞춰서 구간을 설정하십시오**. 그리고 그 사이에 결정한 일을 실천했으면 자신에게 '상'을 주십시오. 조금 비싼 점심을 먹는다거나, 온천에 간다거나, 무엇이든 상관없습니다. 그러면 의욕이 솟아서 '앞으로도 열심히 하자.'라는 생각이 들게 됩니다. 등산을 할 때는 휴식을 취할 때마다 표고가 높아지면서 보이는 풍경이 점점 변합니다. 그리고 그 풍경의 변화에서 기운을 얻어 정상을 향해 새로운 발걸음을 내디딜 수 있습니다. 새로운 습관을 들일 때도 마찬가지입니다. **한 구간이 끝나고 자신의 생활을 되돌아볼 때마다 자기 자신의 성장을 느낄 수 있을 것**입니다. 그리고 100일 뒤, 그곳에는 '진짜'가 된 여러분이 있을 것입니다.

시작했을 때는 어려웠던 일을 조금도 힘들지 않고 술술 할 수 있게 됩니다. 자기도 모르게 험한 말을 내뱉던 상황에서도 온화한 마음으로 대응할 수 있게 됩니다. 어떤 사건에도 마음이 흐트러지지 않고 평온한 자신을 유지할 수 있게 됩니다.

그런 '정상'의 풍경을 기대하며 하루하루 정진하시기 바랍니다.

사람은 누구나
언제라도 달라질 수 있다

"자란 환경이 안 좋아서…….", "대대로 성질이 급한 집안이라…….", "이제 나이도 있고 해서……."

이런 이유를 대며 "그래서 이 성격은 고칠 수가 없어."라며 한숨을 쉬는 사람이 있습니다. 분명히 어린 시절이나 사춘기에 일어난 사건, 혹은 어떤 교육을 받고 자랐느냐는 그 사람의 인격 형성에 지대한 영향을 끼칩니다. 또 나이를 먹을수록 유연성이 떨어지고 보수적인 면이 생기는 것도 사실입니다. 하지만 설령 어떤 교육을 받고 자랐든, 나이가 몇 살이 되었든 스스로 노력하면 자신을 바꿀 수 있습니다.

또 "내 주위에는 하나같이 상식이 없는 사람들뿐이야.", "저 인간만 없으면 화내지 않고 살 수 있을 텐데……."라며 자신의 짜증을 타인의 탓으로 돌리는 사람이 있는데, 이것도 잘못된 행동입니다. 남은 남, 나는 나임을 깨닫는다면 어떤 장소에서나 마음이 흔들리지 않고 평상심을 유지할 수 있을 것입니다.

머릿속으로 아무리 '반드시 변하겠어.', '이번에야말로 바뀌겠어.'라고 굳게 결심해도 행동이 바뀌지 않으면 변화는 일어나지 않습니다. 이것은 달리 말해 어떤 작은 일이라도 좋으니 행동만 바꾸면 누구나 언제든지 변할 수 있다는 뜻입니다. 물론 "행동을 바꾸는 것 자체가 어렵다."라고 말하는 사람도 있겠지만, 그렇기 때문에 간단한 일부터 시작하는 것입니다. 선승처럼 24시간 내내 엄격하게 자신을 다스리거나 열심히 수행하지 않아도 매일 정진할 수는 있습니다.

'일단 10분만 일찍 일어나 보자.', '느긋하게 차의 맛을 음미해 보자.', '밝은 목소리로 기분 좋게 인사하자.' 이것도 훌륭한 '정진'입니다. 이런 정진이라면 계속할 수 있을 것 같지 않습니까? **매일의 작은 변화는 여러분을 확실히 바꿔 나갑니다.** 또 주위에도 반드시 전해집니다. "요즘 즐거워 보여.", "최근 들어서 표정이 부드러워졌어." 이런 말을 듣게 될 때쯤에는 여러분도 자신의 생활이 전과는 완전히 달라졌음을 깨달을 것입니다.

작은 변화가 쌓여서 사람을 바꾼다는 사실을 잊지 마십시오.

인생을 바꾸는
화내지 않기 위한
삶의 자세

생활이 바뀌면
좋은 연이 이어진다

불교에서는 모든 사물이 '연緣'을 통해 성립한다고 생각합니다. 좋은 연을 맺고 싶으면 그 연을 만드는 '인因'을 바꿔야 합니다. 좋은 원인을 계속 만들어 나가면 반드시 결과를 얻게 됩니다. 그러면 그 결과가 새로운 '인'이 되고, 다시 다른 좋은 연이 찾아와 좋은 결과로 이어집니다. 이것이 '인연이 맺어진다.'는 것입니다. '인연'은 불교에서 나온 말로, 세상의 진리를 나타냅니다.

무엇이든 좋으니 할 수 있는 것을 찾아서 구체적으로 행동을 바꿔 나가십시오. 이것이 자신을 바꾸는 첫걸음입니다. 이것은 앞에서도 했던 이야기인데, 불교식으로 말하면 "좋은 인연을 맺으십시오."라고 할 수 있습니다. '고작 습관 한두 가지를 바꾼다고 해서 정말 마음이 온화해질 수 있을까?'라고 생각할지도 모릅니다. 하지만 한 가지라도 좋은 방향으로 바뀌면 다음으로 이어지고, 그것이 또 다른 좋은 변화를 일으키면 그 다음으로 계속 이어지며 확대됩니다. **모든 일은 따로따로 떨어져 있는 것이 아니라 연결되어 있기 때문**입니다.

분노라는 마음의 파문을 손으로 막으려고 애쓰는 것이 아니라 파문이 일어나지 않도록 생활 자체를 바꿔 나가십시오. 그러면 매일의 생활이 기분 좋게 바뀌어 마음이 안정됩니다. 당연히 주위와의 관계도 변화합니다. 서로 연결되면서 영향을 주고받아 좋은 방향으로 힘차게 바뀌어 갑니다. 악순환에서 벗어나 선순환 속으로 들어갈 수 있게 되는 것이지요.

분노에 사로잡혀 악순환 속으로 뛰어들기보다 자신을 성장시키려고 의식하며 좋은 인연을 맺어 나가는 것이 얼마나 중요한지 이제 충분히 깨달았을 것입니다. 여러분의 인생에 좋은 인연을 부를 수 있는 사람은 여러분 자신뿐입니다.

자, 오늘부터 시작하십시오. 지금부터 좋은 '인'을 만들어 나가시기 바랍니다.

후기

불교에서는 사람의 마음속에 탐貪, 진瞋, 치癡라는 세 가지 독이 있다고 생각합니다. '탐'은 끝을 모르는 욕심과 욕망이고, '진'은 분노입니다. 그리고 '치'는 어리석음과 망설임입니다. 이 세 가지 독에 지배당하는 한 우리는 지금이라는 순간에 만족하며 행복하게 살지 못합니다.

이 책에서는 분노를 잘 다스리는 법에 관해 이야기했는데, 이것은 물론 욕심이나 망설임을 다스리는 데도 도움이 됩니다.

인간의 수명에는 한계가 있습니다. 그 속에서 얼마나 자신의 힘을 발휘해 타인의 도움이 될 수 있을지 생각해 나간다면 행복한 삶으로 이어질 것입니다.

여러분이 희망을 품고 새로운 시대를 사는 데 이 책이 조금이나마 도움이 된다면 기쁠 것입니다.

마스노 슌묘 합장